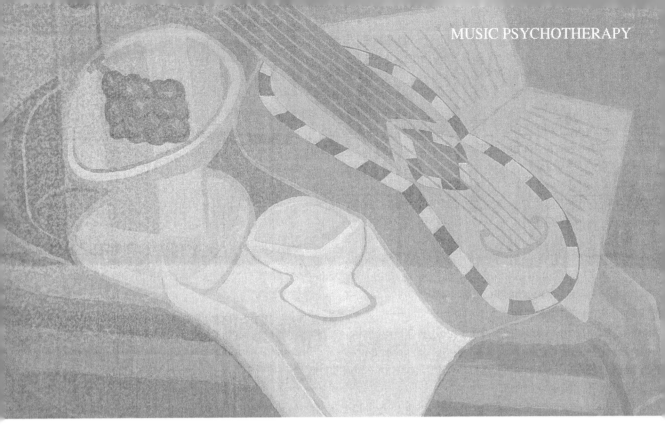

MUSIC PSYCHOTHERAPY

음악심리치료
이론과 실제

| 황은영 · 이유진 · 정은주 공저 |

학지사

머 ┃ 리 ┃ 말

　현대인은 빠르게 성장하는 사회에서 물질적인 편리함을 누리게 되었지만, 이와 함께 변화하는 속도에 빠르게 적응해야 하는 압박감으로 인해 심리적인 어려움을 겪고 있다. 뿐만 아니라 정치적 불신, 경제적 불안 그리고 사회적 차별 등은 심리적 갈등을 부추기는 원인이 되고 있다. 이러한 심리적 갈등으로 우리나라 사람의 27.6%는 평생 한 번 이상의 정신질환을 경험한다고 한다. 유병률이 높은 순으로 살펴보면, 알코올 사용 장애가 13.4%, 불안장애가 8.7%, 기분장애가 7.5%(주요 우울장애는 6.7%) 순이다. 이러한 정신질환 등에 의해 자살 관련 행동도 늘어나 조사 기간(2011년) 1년 동안 자살 시도를 한 사람은 10만 8천 명이었다(보건복지부, 2001, 2006, 2011).

　최근에는 성인뿐만 아니라 아동·청소년도 가정문제, 학업성적, 학교폭력 등으로 자살 시도를 하는 경우가 늘고 있으며, 노인의 경우도 의료기술의 발달로 수명은 연장되었지만 사회적 고립감, 경제적 문제 등으로 자살률이 늘어나고 있는 추세다. 이처럼 현대인은 어린아이부터 노인에 이르기까지 정신건강에 위협을 받고 있지만 실제적으로 이를 해결하기 위해 의사, 정신건강의학 전문가, 기타 정신건강 전문가를 한 번 이상 방문한 사람은 15.3% 정도로 선진국(미국 39.2%, 뉴질랜드 38.9% 등)에 비해 매우 저조하다.

한편 음악은 오래전부터 인간의 감정을 표현하고 조절하는 등 정서와 관련되면서 우리 삶 속에 함께 존재하여 왔다. 우리는 음악을 들으며 슬픈 감정을 달래기도 하고 악기를 연주하며 분노의 감정을 표현하기도 한다. 또한 노래를 부르면 기분이 좋아지기도 하는데, 이처럼 음악과 함께하는 경험은 우리를 행복하게 해 준다. 이러한 음악의 다양한 경험을 활용하여 심리적인 문제에 접근하고 해결하려는 것이 바로 음악심리치료다.

음악이 우리 삶 속에서 오랫동안 함께해 왔지만 음악을 치료적인 목적, 즉 심리적인 문제를 해결하기 위한 전문적인 방법으로 적용하는 음악심리치료는 우리에게 익숙한 개념은 아니다. 따라서 이 책은 음악심리치료를 공부하고자 하는 음악치료사 및 관련 전문가에게 음악심리치료를 이해하고 적용할 수 있는 다양한 정보를 제공하고자 한다.

이 책은 총 3부로 구성되어 있다. 제1부는 심리치료 이론 그리고 정신건강의 개념과 증상을 다루고 있다. 음악심리치료를 이해하기 위해서는 먼저 심리치료의 기본 이론과 심리적인 문제 등에 대한 지식이 필요하다. 따라서 제1부에서는 여러 가지 심리치료 이론 중에서 음악심리치료에서 적용되고 있는 정신역동, 대상관계, 분석심리, 행동치료, 인지주의 등 기본 이론에 대한 개괄적인 내용을 소개한다. 물론 전문적인 심리치료를 위해서는 각 이론에 대한 더욱 심도 깊은 지식이 필요하겠지만, 이 책에서는 기본적인 개요를 전반적으로 설명함으로써 심리치료를 위한 이해를 돕고자 하였다. 또한 정신건강의 개념 및 증상에서는 심리치료에서 다루고 있는 문제를 정서, 인지, 행동 및 관계 영역으로 분류하고 각 개별 영역에 대해 설명하였다. 기본적인 영역에서 다루는 정신건강 문제를 설명하고 DSM-IV(DSM-5에서 개정된 변화 내용은 추가하였다)에서의 분류를 각 영역에 맞게 설명하여 이해를 돕고자 하였다.

제2부에서는 음악심리치료를 소개하고 있다. 음악심리치료의 개념, 수준 그리고 방법에 이르기까지 구체적인 설명을 소개하고 있다. 음악심리치료를 이해

하기 위해서는 먼저 음악의 각 요소가 어떻게 심리적인 부분과 연결될 수 있는 가에 대한 근거를 아는 것이 도움이 된다. 이러한 이유로 제2부에서는 각 음악 요소가 어떻게 심리적인 행동과 연결되고 있는가를 소개함으로써 음악심리치 료에 대한 이론적 근거를 제시하고자 한다. 또한 음악심리치료에서 사용하는 방법, 즉흥연주, 노래, 감상을 소개하며, 이러한 활동이 제1장에서 언급한 정신 건강문제를 해결하기 위해 어떻게 적용할 수 있는가를 설명한다. 이는 제3부 에서 제시하는 활동과도 관련성이 있다.

　마지막 제3부에서는 구체적인 활동을 정신건강과 관련된 영역별로 소개하고 있다. 여기서 소개하는 활동은 제1부의 정신건강문제를 다루기 위해 제2부의 방법과 연결하여 소개함으로써 전체적인 흐름의 연계성을 유지하도록 하였다.

　지난 10여 년 동안 국내 음악치료는 많은 부분에서 발전하였으며, 부적응 행 동을 바람직한 방향으로 변화시키는 데 매우 효과적인 치료방법으로써 큰 역할 을 해 왔다. 음악은 행동뿐만 아니라 인간의 감정을 다스릴 수 있는 좋은 도구 가 될 수 있다. 그럼에도 불구하고 실제로 음악치료를 통해 심리적인 문제를 해 결하려는 움직임은 매우 미미하였다. 그렇기 때문에 저자 일동은 오랜 시간 음 악심리치료 관련 강의 자료와 관련 연구를 바탕으로 보다 체계적이고 실질적인 내용을 담기 위해 수정하고 보완하는 과정을 거쳤다. 이 책이 발간됨을 기쁘게 생각하며, 부디 음악치료를 공부하는 많은 학생과 관련 전문가 및 음악심리치 료에 관심 있는 일반인에게 도움이 되기를 바란다.

저자 일동

차 | 례

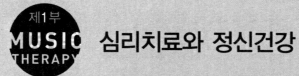

음악심리치료

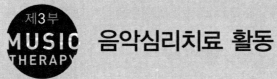

음악심리치료 활동

제1부
MUSIC THERAPY

심리치료와
정신건강

음악심리치료를 이해하기 위해 전통적인 심리치료의 방법과 관련된 이론 그리고
정신건강문제에 대해 알아본다.

심리치료의 개요

J 부인은 이혼한 경험이 있으며 우울, 불안 등의 문제로 심리치료를 받고 있다. 치료 상담 도중에 그녀는 숨이 막히는 경험을 하기도 하고, 때로는 치료사에게 화를 내며 공격적으로 대하거나 치료사의 관심을 끌려는 등 여러 가지 부적절한 행동을 보였다. 치료사는 이러한 반응이 그녀의 전이적 반응임을 이해하고 그녀의 과거 삶을 탐색하게 되었다. 그녀와의 치료 과정을 통해 치료사는 그녀에게 아버지와 해결되지 않은 문제가 있음을 알게 되었고 이를 그녀 스스로 인식하고 받아들이게 함으로써 이제는 자신이 안전하게 독립된 건강한 인간임을 느낄 수 있다는 고백을 듣게 되었다.

1. 심리치료의 정의

현대 심리학이 본격적으로 등장한 것은 19세기 이후다. 19세기는 다윈Darwin의 진화론을 중심으로 물리학과 생물학이 획기적으로 발전되었던 시기였다. 이후 인간 정신에 대한 과학적이고 학문적인 탐구로서의 심리학이 등장하게 되면서 철학과 분리되어 독립적인 학문으로 자리 잡게 되었다. 이에 따라 현대적 의미의 심리치료도 함께 발전되기 시작하였다.

심리치료psychotherapy는 'psyche'와 'therapy'라는 두 단어로 이루어져 있다. 'psyche'는 보통 '심혼'으로 해석되며 총체적인 정신 현상을 망라한다. 그리고 'therapy'는 '돕다, 치료하다'의 의미를 지닌다. 이 두 단어를 종합해 보면, 심리치료는 총체적인 정신현상을 치료하는 것으로 볼 수 있다. 그러나 심리치료를 명확하게 정의 내리기는 쉽지 않다. 심리치료의 개념은 인간의 정신세계를 다루는 패러다임에 따라 다양하게 정의될 수 있기 때문이다. 코르시니Corsini는 『현대 심리치료Current Psychotherapies』(2000)에서 다음과 같이 심리치료에 대한 포괄적인 정의를 내리고 있다.

> 심리치료는 두 당사자 사이에서 이루어지는 공식적인 상호작용 과정으로 보통 1:1로 구성되지만 두 사람 이상인 경우도 있으며, 둘 중 어느 한 사람의 인지적 기능(사고장애), 감정적 기능(정서적 고통) 또는 행동적 기능(행동의 부적절성)의 일부 혹은 전체 영역에서 나타난 고통을 개선할 목적을 가진다. 심리치료사는 성격의 기원, 발달, 유지 및 변화에 대한 이론적 배경을 갖고 그 이론과 논리적으로 연결된 치료법을 가지며 심리치료사로서 활동할 수 있는 전문적이고 합법적인 인가를 받은 사람이다(Corsini, 2000).

이러한 정의에 따르면, 심리치료는 심리치료사와 클라이언트와의 공식적인 상호작용 과정으로 이해할 수 있다. 공식적 상호작용은 계약관계를 기본으로 심리치료사와 클라이언트의 진지한 대화를 통해 관계가 발전되고 클라이언트에게 필요한 목적을 이루어 가는 상호 교류적 과정임을 의미한다. 다시 말하면, 계약 관계를 통해 치료사와 클라이언트가 책임을 공유하며 구체적인 목표와 회기, 일상생활에서의 구체적인 목적을 클라이언트 스스로 세우게 하여 함께 치료적 모험을 시도하게 된다.

심리치료는 개인치료 혹은 집단치료로 이루어질 수 있는데, 일반적으로 심리치료사는 도움을 주는 사람이고 클라이언트는 도움을 받는 사람으로 정의될 수 있다. 클라이언트는 정서, 인지, 행동, 관계의 전반적 영역에서 사고장애나 정서적 고통, 행동의 부적절성으로 고통을 겪는 사람을 의미한다. 반면 심리치료사는 심리치료에 필요한 전문적이고 체계적인 교육과 훈련을 통해 합법적인 인정을 받은 사람이어야 한다. 심리치료사는 이론과 실제에 대한 폭넓은 지식은 물론 자신의 가치관, 태도, 신념을 탐색하여 자기 인식을 넓혀 감으로써 인간적 자질을 갖춰야 한다. 치료사 자신이 치료 도구가 되어 클라이언트에게 영향을 주기 때문이다.

심리치료와 상담은 혼용되어 사용하는 경우가 많다. 그럼에도 불구하고 심리치료와 상담을 굳이 구분한다면 치료기간의 차이를 들 수 있다. 상담은 비교적 짧은 회기로 구성되는 반면, 심리치료는 많은 회기로 구성되며 심지어 수년간 지속되기도 한다. 이러한 기간의 차이에 따라 상담은 좀 더 문제 지향적이고 심리치료는 인간 지향적으로 보일 수도 있다. 또한 상담은 표면적으로 드러난 문제해결에 적극적인 반면, 심리치료는 주로 인간의 내면 깊숙이 자리 잡고 있는 감정과 생각을 인식하여 문제해결에 이르는 것을 목적으로 한다.

심리치료는 치료 목적을 클라이언트의 건강, 특히 심리적 건강을 위한 변화에 둔다. 일반적으로 건강은 단지 질병이나 장애가 없는 것이 아니라 신체적 · 정신적 · 사회적으로 편안한 상태를 의미한다(WHO, 1998). 따라서 심리치료는 클라이언트가 변화하는 데 필요한 것이 무엇인가에 따라 치료 목적이 달라질 수 있다. 예를 들면, 자기 인식, 내적 갈등 해결, 정서적 안정, 자기표현, 감정과 태도의 변화, 대인교류 기술 향상, 대인관계적 문제해결, 건강한 관계의 발전, 감정적 상처의 치료, 직관력의 심화, 현실 인식, 인지적 재구조화, 행동 변화, 삶의 의미 부여와 충족, 영적 발달 등이다. 그러나 심리치료는 신체적 질병과 달리, 완벽하게 문제 요인을 제거하는 것이라기보다는 자신의 문제를 통찰하는 동안에 자아 성장과 자기 실현을 이루어 나가는 과정에 목적을 둔다. 즉, 건강하고 자아가 통합된 성숙한 인간으로 나아가는 과정을 중시하는 것이다. 그 과정에서 클라이언트가 스스로 결정을 내리고 책임질 수 있는 내적인 힘을 갖게 하는 것empowering이 매우 중요하다.

2. 심리치료의 접근방법

사회가 급변하는 가운데 심리학의 발전과 함께 심리치료도 끊임없이 변화되어 왔다. 기존의 이론도 그대로 남아 있는 것이 아니라 시대의 흐름을 잘 반영하여 변화하고 있으며, 새로운 이론도 계속 나오고 있다. 변화되는 심리치료의 다양성에 대한 지속적 관심과 이에 대한 지식의 통합은 치료사의 성장에 많은 도움을 준다. 심리치료를 범주화시키는 작업은 다양하게 분류될 수 있으나, 일반적으로 크게 다음과 같이 네 가지로 나눌 수 있다(Corey, 2003).

1) 분석적 접근

분석적 접근은 심층심리학을 의미한다. 무의식의 정신역동을 강조하는데, 프로이트Freud의 정신분석, 융Jung의 분석심리치료, 아들러Adler의 개인심리치료가 포함된다.

프로이트의 정신분석은 오늘날 많은 비판을 받음에도 불구하고 다양한 심리상담과 치료 전반에 많은 영향을 주었는데, 심리적 결정론을 중심으로 인간본성에 대한 철학, 성격발달이론, 행동을 동기화하는 무의식적 요인, 통찰 등을 강조하였다.

융의 분석심리치료는 프로이트의 정신분석과는 달리 인간의 개인 · 집단 무의식에 대한 확장된 관점을 제공하여 의식과 무의식의 관계, 자기 인식, 대극의

합일을 통한 개성화를 강조한다.

무의식의 역동에 초점을 두는 정신분석과 분석심리치료와는 달리, 아들러의 개인심리치료에서는 인간을 총체적이고 성장 지향적·창조적·사회적 존재로 보고, 정신병리가 있는 사람을 환자로 보기보다는 좌절한 사람으로 이해한다. 그리하여 클라이언트가 자기 자신, 타인 및 삶에 대한 잘못된 신념을 확인하여 변화시킴으로써 자신의 통찰을 실제 생활에서 행동으로 옮기도록 돕는다. 아들러는 목적론적 관점에서 열등감과 보상, 초기 발달과 생활양식, 출생 순위와 가족 내 위치, 삶의 과업 등 성장모형을 통해 설명하는데, 이러한 주요 개념이 현대 심리 상담·치료에서 많이 사용되고 있다.

2) 경험적·관계 지향적 접근

경험적·관계 지향적 접근은 클라이언트와 치료사의 치료 관계의 질적 특성을 강조한다. 인간중심치료, 실존 심리치료 그리고 게슈탈트치료가 포함된다.

인본주의 철학을 기초를 둔 인간중심치료는 클라이언트와 심리 상담사/치료사 관계의 질적 측면을 중요시한다. 클라이언트에 대한 신뢰를 바탕으로 진솔성, 비소유적 배려와 공감에 의한 관계를 통한 자기 지향적 성장 과정을 강조한다.

실존 심리치료는 완전한 인간이 의미하는 것에 대해 관심을 가지며 인간 존재의 기본 조건에 바탕을 둔 심리 상담·치료를 강조한다. 명확한 이론과 체계적 기법보다는 인간의 본질에 대한 이해와 인간 존재의 기본 조건, 치료 관계의 질적 특성을 강조한다.

실존주의 철학과 현상학에 근거를 두고 있는 게슈탈트치료는 인간을 신체, 감각, 욕구, 감정, 사고, 행동 등이 유기적으로 연결된 하나의 의미 있는 전체로 이해한다. 인간을 이해하기 위해서는 정신과 육체, 유기체와 대인관계의 환경을 각각 분리해서 고찰할 수 없으며, '지금-여기'에 있는 자신을 깨달음으로써

'있는 그대로의 자신'이 되는 것을 중요시한다. '알아차림'을 통한 인식 영역의 확장, '사고-정서-행동'의 전체성과 통합, '지금-여기'에서의 과거 재경험 등 다양한 상담기법을 통해 다른 상담이론과의 교류가 활발하다.

3) 활동적 접근

활동적 접근은 클라이언트의 현재 나타나는 행동장애의 원인이 되는 매개적 자극에 관심을 둔다. 여기에는 행동치료, 합리적 정서행동치료, 인지치료, 현실치료가 포함된다.

행동치료는 인간의 정신과 신체의 실재론적 일원론에 근거하여 인간의 모든 행동을 학습된 것으로 보고 '행동의 수정과 변화'를 목적으로 한다. 그리고 학습 원리를 적용하여 직접적인 관찰과 측정, 개입이 가능한 행동에 단계적으로 개입함으로써 문제행동을 변화시킨다.

이와는 달리 합리적 정서행동치료와 인지치료는 관념론적 이원론에 기반을 두고 인간의 행동이 사고방식에 의해 결정된다고 가정한다. 이에 따라 합리적 정서행동치료와 인지치료는 정서나 행동을 변화시키기 위하여 환경 자극보다는 내면의 사고를 이끄는 인지 요인을 다룬다. 클라이언트의 정보처리, 특히 비합리적 신념과 자동화 사고에 의한 인지를 재구성하는 것에 치료 목적을 둔다.

현실치료는 인간이 자신의 삶을 통제할 수 있다는 '선택이론'을 바탕으로 한다. 일반적으로 성공적인 정체감을 통해 자신의 욕구, 소망 및 자각을 탐색하여 현재 행동을 인지하고 평가해 긍정적인 계획을 수립하고 수정하는 과정을 통해 치료목적을 달성한다.

4) 체제적 접근

체제적 접근은 한 개인을 이해하는 데 있어 그 사람을 둘러싼 환경, 즉 가족,

사회, 문화, 그 외 체제에서 어떤 영향을 받았는지를 아는 것이 중요하다고 강조한다. 가족치료, 여성주의 치료가 이에 속한다.

　가족치료는 가족을 하나의 유기체적인 체계로 이해하면서 조직-관계적 관점에서 발전시켜 왔다. 가족이라는 체계 내에서 상호 교류하는 관계 양상을 살펴봄으로써 개인의 증상이나 행동의 변화를 위한 접근을 시도하게 된다.

　여성주의 치료는 여성주의 철학을 바탕으로 여성 문제에 대한 사회구조적인 측면을 강조하며, '여성에 대한 심리적 억압과 관계'를 중심 개념으로 한다. 여성주의 치료는 여성 클라이언트가 사회에서 평등한 삶을 실현할 수 있도록 자신의 힘과 역량을 강화하고 개인의 발달을 추구하는 변화를 선택할 수 있도록 돕는다.

심리치료 이론과 철학

음악심리치료사 L씨는 요즘 클라이언트를 만날 때마다 두렵고 힘이 든다. 왠지 모르게 클라이언트가 자신을 비난하는 것 같고, 또한 어떤 순간에는 클라이언트가 치료사 자신을 너무 의존하는 것처럼 느껴져 활동을 진행하는 것이 어렵다. 치료 사 L씨는 역전이가 있음을 알게 되고, 자신의 문제가 무엇인지에 대해 동료 치료 사에게 조언을 구하게 되었다.

음악심리치료의 이론적 기반은 심리치료 이론과 철학 그리고 치료 도구인 음악에 대한 이해가 된다. 오늘날 다양한 심리치료 이론들이 있으나, 제2장에 서는 음악심리치료와 연관된 대표적인 심리치료 이론과 철학에 대해 알아보고 자 한다.

1. 심층심리학

심층심리학의 기본 전제는 인간의 정신이 의식과 무의식으로 이루어졌으며,

무의식적인 동기와 갈등이 현재의 행동패턴을 형성해 왔다는 것이다. 심층심리학에서는 모든 정신적 경험들을 의미 있는 표현으로 보고, 치료자와 클라이언트의 전이transference를 토대로 내담자의 무의식을 의식화하는 과정을 가진다. 내담자는 분석을 통해 자기Self를 인식하고 강화하여 자신이 진정으로 원하는 욕구와 동기가 무엇인지를 이해하고 통찰하게 되면서 인격의 변화와 성숙을 가져오게 된다.

1) 정신분석

프로이트의 정신분석psychoanalysis은 인간의 정신세계, 특히 무의식을 과학적으로 규명하고 설명함으로써 인간 정신의 구조와 기능에 대한 객관적이고 체계적인 접근을 가능하게 만들었다. 프로이트의 정신분석은 정신적·신체적 질환을 이해하고 치료하는 데 많은 기여를 하였고, 지금도 많은 심리 상담·치료에 영향을 주고 있다. 프로이트의 정신분석의 기본 개념들은 다음과 같다.

(1) 주요개념

① 지정학설
지정학설topography theory은 지리적 개념을 도입하여 인간의 정신세계를 의식, 전의식, 무의식의 3층 구조로 설명한 것이다. 프로이트는 인간의 정신구조를 빙산에 비유해 설명하기도 했다([그림 2-1] 참조).

무의식unconsciousness은 우리가 인식하지 못하는 정신세계 전체를 의미한다. 일상에서 의식화되지 않은 정신적 요소가 모두 포함되어 있는 곳이다. 프로이드는 의식에서 감당하기 어려운 내용이 무의식으로 추방되어 억압되어 있다고 했다. 성적 욕구infantile sexual, 공격 욕구aggressive drive, 수치심, 열등감, 죄책감 등 '충족되지 못한 본능적 소망unsatisfied instinctual wish' 이 무의식에 저장되어 있다. 프로

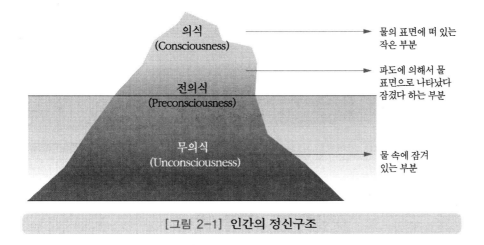

의식
(Consciousness) ········▸ 물의 표면에 떠 있는
작은 부분

전의식
(Preconsciousness) ────▸ 파도에 의해서 물
표면으로 나타났다
잠겼다 하는 부분

무의식
(Unconsciousness) ────▸ 물 속에 잠겨
있는 부분

[그림 2-1] 인간의 정신구조

이트는 유아기에 느꼈던 성적 욕구와 공격 욕구가 무의식의 대부분을 차지하고 있는 것으로 보았다.

전의식^{preconsciousness}은 무의식과 의식 사이에 존재한다. 평소에는 별로 의식되지 않지만 생각해 내려고 하면 쉽게 의식으로 떠오르는 내용이 저장되어 있는 곳이다. 예를 들어, 어제 무엇을 먹었느냐는 질문에 대해 잠시 생각해서 대답하는 과정은 전의식에 있다가 의식화되는 것을 의미한다. 또한 자동차를 특별히 의식하지 않고 운전할 수 있는 것도 전의식의 기능에 속한다. 습득된 자동화된 기술이나 행동 습관이 전의식과 관련되는 것이다.

무의식이 빙산이라면 흔히 의식은 빙산의 일각으로 비유된다. 의식^{consciousness}은 지금-여기에서 직접 경험하고 있는 심적 현상 전체를 의미하며 자아^{ego}가 중심이 된다.

프로이트는 의식과 무의식은 억압에 의해 나뉜다고 보았다. 의식에서 금지하는 욕구가 무의식에서 올라오면 대부분 갈등이 일어나 불안을 일으키게 되는데, 자아는 의식을 보호하기 위해 억압^{repression}하게 된다. 무의식의 내용은 기회가 될 때마다 의식으로 표출되려고 시도하므로 이를 억압하기 위해서는 정신 에너지가 많이 소모된다. 만일 자아가 약해지면 무의식의 충동이나 생각은 의식 밖으로 뛰쳐나와 이상행동의 증세로 나타난다. 정신분석의 1차 목적은 이러한 무의식의 탐구라고 할 수 있다.

② 정신결정론

정신결정론psychic determinism에서는 인간의 모든 행동에는 그럴만한 이유가 있다고 본다. 즉, 과거에 있었던 어떤 사건으로 인해 생겨난 원인에 의한 결과로 그러한 행동이 나타난다는 것이다. 무심결에 한 말이나 행동도 그 이면에는 분명한 이유가 존재한다. 인간의 무의식이 꿈, 건망증, 의도적 망각, 실수, 인격분리 등의 현상으로 표출되어 생각하고 행동하는 데 결정적인 영향을 미친다고 보는 것이다. 예를 들어, 장례식장으로 가다가 신호등을 착각하여 차를 멈춘다든지 혹은 급히 사용해야 할 돈이 어디 있는지 기억하지 못하는 것 등이다. 또한 어린 시절 부모와의 관계에서 경험한 갈등을 어른이 된 후에도 타인과의 관계에서 비슷한 패턴을 반복하고 있는 경우도 있다.

③ 성격구조론

성격구조론structural theory of personality은 인간의 성격이 이드(또는 원초아), 자아 그리고 초자아로 구성된다는 것이다. 이드id는 선천적으로 가지고 태어나는 가장 기본적인 충동을 의미하는데, 먹고 싶은 욕구, 성적 욕구, 공격 욕구, 의존 욕구 등의 본능적인 욕구가 모두 여기에 속한다. 이드는 즉각적인 만족을 추구하고 고통은 피하려는 쾌락원칙pleasure principle을 따른다. 자기중심적이고 비현실적이며 원시적인 사고과정인 일차적 과정primary process을 가진다. 예를 들어, 시험을 앞두고 게임에만 몰두한다면 이 학생은 이드의 쾌락원칙에 지배당하고 있다고 할 수 있다. 그러나 이드는 열정, 창조성, 자기주장, 야심 등 내적인 힘을 가지는 정신 에너지의 원천이므로, 너무 억압당하면 기쁨이 없고 무기력한 사람이 될 수 있다.

자아ego는 성격을 외현화하는 부분으로서 현실 적응을 담당한다. 현실법칙

reality principle에 따라 다양한 인지적 기능과 적응적 기능을 하는 것이다. 자아는 합리적이고 이성적인 사고 과정을 가지게 되는데 이를 이차적 과정secondary process이라고 한다.

초자아superego는 도덕적 양심moral conscience과 자아 이상ego-ideal 기능을 담당한다. 인간은 4~5세경부터 부모 또는 중요한 타인과의 동일시를 통해 사회적 가치나 도덕적 가치가 내면화된다. 도덕 원칙moral principle에 따라 자신을 평가하고, 자아 이상과 비교하며, 책망과 비판을 통해 고통스러운 여러 감정을 이끌어 내기도 하고, 칭찬과 보상을 통해 자존감을 높여 주기도 한다. 무의식에 묻혀 있는 초자아가 엄격할수록 수치감, 죄책감, 열등감에 빠져 주눅이 들고 강박적이며 자학적인 성격을 지니게 된다. 그러나 초자아는 자아를 도와 이드의 욕망을 평가하고 조절하는 기능을 통해 사회의 일원으로서 살아가도록 돕는 목적을 지닌다.

프로이트는 이드, 자아 및 초자아가 투쟁하고 타협하는 정신역동적 과정을 통해 인간의 다양한 행동이 나타난다고 보았다. 즉, 자아는 이드의 욕구와 초자아의 양심 사이에서 현실에 가장 적절한 해결책을 찾아 자신의 욕구를 충족시키려고 노력하게 된다는 것이다. 자아가 주도적인 역할을 못하거나 이드와 초자아의 중재가 이루어지지 못한 경우 심리적 불안과 부적응적 행동이 나타난다.

[그림 2-2] 성격의 구조

④ 성격의 발달과정

프로이트는 인간의 성격이 공격적이고 쾌락 추구적인 생물적 본능과 내면화
된 사회적 에너지 사이에서 발생하는 갈등을 해소하려는 노력에서 형성된다고
말한다. 그리하여 성 에너지libido의 원천에 따라 심리성적 발달단계psychosexual
developmental state를 설명하였다([그림 2-3] 참조).

프로이트는 이와 같은 심리성적 발달단계를 통해 어린 시절의 경험이 성격
형성에 중요한 영향을 미친다고 보았다. 양육자와의 상호 관계를 통한 욕구의

구강기oral stage 생후~1세

리비도가 입에 집중된 시기이며, 구강 수용적 행동과 구강 공격적 행동이 특징이다.
지나치게 만족되면 지나치게 낙관적이며 의존적인 성격이 되고,
고착되면 비관적이고 공격적인 성향 보인다.

항문기anal stage 1~3세

배설의 단계이며, 본능적 충동과 외부적 현실인 배변 훈련과 관련되어 성격이 결정된다.
배변과 보유에 만족을 느낀다.

남근기phallic phase 4~6세

오이디푸스 콤플렉스, 엘렉트라 콤플렉스의 갈등을 경험한다. 아동은 자신과 동성인 부모와 동일
시되면서 이러한 콤플렉스를 해결하고 초자아를 형성하게 된다.

잠복기latent phase 6~12세

성적 휴면상태이며, 친구들과 어울리며 사회화가 시작된다.

성기기(청소년기)genital stage 12~20세

사춘기이며, 성적인 관심이 증대되고 성적쾌락을 추구한다.

[그림 2-3] 프로이트의 심리성적 발달단계

만족과 좌절의 경험이 성격 형성에 중요한 역할을 하는 것이다. 이때 과도한 만족이나 좌절은 아동의 성격 형성에 부정적 영향을 미쳐 이상행동을 나타내는 원인이 될 수 있다.

프로이트가 주로 생의 초기 6년 동안의 심리성적 발달단계를 다루었다면, 에릭슨Erikson은 성인기를 성인 초기, 성인 중기, 성인 후기로 구분하여 전 생애에 걸친 개인의 심리사회적 발달단계로 확장시켰다. 에릭슨은 심리성적 성장과 심리사회적 발달이 동시에 일어난다고 보았다. 인간의 자연적인 성장과 사회적 기대 간의 갈등이 단계별로 극복해야 할 위기와 발달과업을 만든다고 설명하였다. 결국 각 단계별로 나타나는 위기 동안 발달과업이 어떻게 성취되느냐에 따라 자아가 발달되는 것이다. 이러한 발달심리학적인 입장에서 볼 때, 정서적으로나 행동적으로 문제를 갖는 것은 발달이 고정되거나 왜곡 또는 퇴행함으로써 나타나는 것이라고 할 수 있다.

에릭슨의 심리사회적 발달단계에서 영아기는 세상에 대한 긍정적인 믿음을 형성하는 시기다. 이 시기에는 중요한 타인들로부터 충분한 사랑을 받으면 세상에 대한 '신뢰'를 형성하게 되지만, 그렇지 않으면 타인에 대한 '불신'이 생긴다. 걷기, 말하기, 대소변 가리기 등 많은 신체적 변화를 갖는 유아기에서는 아동이 원활한 신체 움직임과 함께 용기를 내어 시도하고 의지를 표현하는 것에 대한 지지를 많이 받을수록 '자율성'을 형성하지만, 엄격한 통제나 과도한 보호를 받게 되면 자신의 능력에 대한 '수치심'과 '의심'을 갖게 된다.

학령 전기에서 에릭슨은 사회적 발달을 더 강조하였다. 의미 있는 행동을 선택할 자유가 허용되면 '주도성'이 형성되고 유능감이 생기지만, 아동 스스로 결정을 못하게 하거나 결과에 대해 비판을 받으면 자신의 선택에 대해 '죄책감'을 가지게 된다. 본격적으로 학습이 진행되는 학령기에는 '열심히 무언가를 한다는 것'의 중요성을 알게 된다. 이 시기에 아동 스스로가 의미 있는 목표를 세우고 달성해 가면 '근면성'을 형성하게 되지만, 그렇지 못한 경우 또래와의 비교 등을 통해 '열등감'을 갖게 된다. 청소년기에는 '자아정체성'이 중요한 과제가 된다. 자신이 누구이며 어디로 가고 있는지에 대한 규명이 필요하다. 자아정체성을 성취하지 못하면 역할에 대한 '혼돈'이 생긴다.

성인 초기에는 참여 활동과 관계가 많이 이루어진다. 이 시기에 사람들과의 관계를 잘 형성하고 유지하면 '친밀성'이 생기고, 그렇지 못하면 '소외감'을 갖게 된다. 여기에서 '친밀성'이란 자신의 확고한 정체성을 갖고 타인을 수용하며 나와 타인과의 상호 관계를 이루어 가는 능력을 말한다. 성인 중기는 창조적으로 살아가는 방법을 배우는 기간으로서 직업, 가족 및 여가 활동을 통해 가장 생산적인 시기가 된다. 기여하는 정도에 따라, 주변의 관심에 따라 '생산성'을 높일 수 있으나, 그렇지 않은 경우 심리적으로 '침체'될 수 있다. 성인 후기의 중요한 위기는 '통합'과 '절망'이다. 지혜를 통해 별다른 후회 없이 지나온 삶을 온전하게 느끼는 사람은 자아 '통합'을 성취한 것으로 볼 수 있으며, 자신의 삶이 누군가에게 기여하고 의미가 있었다는 것을 통해 죽음까지도 삶의 일부로 받아들이게 된다. 그러나 자신의 삶을 실패로 자각하는 사람은 낙심, 자책, 분노, 자기혐오 등의 감정을 통해 '절망'을 느끼게 된다.

프로이트와 에릭슨의 발달단계를 비교하면 〈표 2-1〉과 같다.

〈표 2-1〉 에릭슨과 프로이트의 발달단계 비교

시 기	발달단계	프로이트의 심리성적 발달	에릭슨의 심리사회발달
생후~1세	영아기	구강기	신뢰 vs. 불신
1~3세	유아기	항문기	자율성 vs. 수치심/의심
4~6세	학령 전기	남근기	주도성 vs. 죄책감
6~12세	학령기	잠복기	근면성 vs. 열등감
12~20세	청소년기	성기기(청소년기)	자아정체성 vs. 혼돈
20~40세	초기 성인기		친밀성 vs. 소외감
40~65세	중년기		생산성 vs. 침체
65세 이상	노년기		통합 vs. 절망

⑤ 방어기제

인간은 대부분의 경우 불안을 느낀다. 이러한 불안을 감소하기 위해 사람들은 다른 방향으로 현실을 왜곡하기도 하는 등 자기 보호를 하게 되는데, 이를 방어기제라고 한다. 일반적으로 나타나는 방어기제는 〈표 2-2〉와 같다.

〈표 2-2〉 방어기제

종 류	내 용
억압	불안에 대한 일차적 방어기제. 의식에서 용납하기 힘든 생각, 욕망, 충동 및 감정을 무의식으로 추방하는 것
거부	충격적 상황에서 개인이 생각하고 느끼고 지각한 것을 왜곡하는 것
반동 형성	겉으로 드러나는 태도나 언행이 마음속 욕구와 반대인 것
투사	무의식에 있던 용납할 수 없는 욕망이나 충동을 타인에게 떠넘기는 것
치환	원래의 대상이나 사람에게 에너지를 풀 수 없는 경우 손쉬운 대상이나 사람에게 옮기는 것
합리화	행동을 정당화하고 자아를 달래기 위한 이유를 무의식적으로 만들어 내는 것
승화	본능적 욕구나 충동 에너지를 사회적으로 용납되는 형태로 전환하는 것
퇴행	심한 좌절을 당했을 때 현재보다 유치한 과거 수준으로 후퇴하는 것
내사	타인의 기준이나 가치를 내면화하는 것
동일시	중요한 인물들의 태도와 행동을 내 것으로 만들어 가는 것
보상	자신의 성격, 지능, 외모와 같은 이미지의 한계를 만회하기 위한 무의식적인 노력으로 다른 어떤 것을 과도하게 발전시키는 것

(2) 치료 기법

정신분석적 치료는 클라이언트의 이야기를 통해 자신의 문제에 대해 인식하고 정화와 통찰, 훈습을 통해 치료 목표를 이루게 된다. 정신분석적 치료의 기본 기법은 다음과 같다.

① 자유연상

자유연상은 정신분석의 대표적인 기법으로, 클라이언트가 편안히 누운 상태에서 순간적으로 마음에 떠오르는 생각이나 감정 또는 어떤 대상과 관련된 기억을 있는 그대로 가감 없이 이야기하게 하는 것이다. 아무리 사소한 것이라도 검열 없이 즉각적으로 이야기하도록 지지받는다. 자유연상은 무의식에 갇혀 있는 억압된 것을 규명할 수 있는 단초가 된다. 자유연상을 해 가는 과정에서 치료사는 '제3의 귀'를 가지고 그 이면에 숨겨진 의미를 규명해 나간다. 증상과 관련된 과거 경험이나 기억이 조각처럼 맞춰지며 내담자의 심층에 억압되어 있는 정신의 역동성에 대한 통찰을 갖도록 치료사는 중립적 입장에서 돕게 된다.

② 꿈의 해석

꿈은 무의식을 이해할 수 있는 중요한 자료를 제공하고 클라이언트가 미처 알지 못했던 문제에 대한 통찰을 하게 한다. 프로이트는 꿈을 '무의식으로 가는 왕도'라고 불렀는데, 꿈에는 사람의 무의식적 욕구와 소망, 두려움 등이 상징적으로 표현되기 때문이다. 프로이트는 꿈 해석을 통해 클라이언트로 하여금 실제로 자신이 억압하고 있는 문제가 무엇인지 통찰하게 하며, 클라이언트의 현재 행동에 대해서도 이해할 수 있도록 하였다.

③ 전이의 해석

전이transference는 정신분석의 중요한 개념으로, 치료사에 대한 클라이언트의 감정반응을 의미한다. 어린 시절 환자의 삶에 중요한 역할을 했던 사람, 특히 자신의 아버지나 어머니에 대한 감정, 기대, 소망 등이 분석받는 상황에서 치료사에게 재현되는 것이다. 런던 대학의 샌들러Sandler 교수는 전이를 특수착각 specific illusion이라고 정의했다. 예컨대, 치료사를 아버지로 착각하면 아버지 전이에 빠졌다고 말한다. 이때 치료사는 클라이언트의 전이에 의한 미움, 분노, 사랑, 비난에 당황하지 말고 이러한 감정과 행동 이면에 있는 무의식적 의미를 발견할 수 있어야 한다. 치료사는 이러한 전이에 대한 분석을 통해 클라이언트가 현재 보이는 문제행동 패턴과 과거를 연결할 수 있도록 통찰을 유도해야 한다.

그리하여 과거의 어느 시점에 정체되어 성장을 막고 있던 정서적 갈등을 인식
하고 해결하여 적응적 행동으로 훈습working through할 수 있도록 돕는다.

　이와는 반대로 역전이countertransference는 클라이언트에 대한 치료사의 감정 반
응으로, 치료사 자신의 무의식적 갈등이 클라이언트를 통해 노출된 것이다. 프
로이트는 역전이를 치료에 방해되는 요인으로 보았으나 그 이후의 분석가인 하
이만Heimann이나 샌들러는 클라이언트를 이해하는 도구로 역전이를 사용하였
다. 역전이는 치료사의 무의식적인 갈등에서 나오기도 하고 클라이언트가 부여
한 역할을 수행하는 과정에서 나타나기도 한다. 이 역할을 분석하면 클라이언
트의 내적 갈등을 파악하는 데 도움이 되지만, 치료사 역시 자신의 역전이에 대
해 분석하고 해결해야 한다.

　④ 저항의 처리
　저항resistance은 분석을 방해하는 모든 것을 의미하며, 이것은 모든 치료 과정
에서 나타날 수 있다. 치료 시간을 잊어버리거나, 갑자기 침묵하고, 주제와 관
계없는 일상의 소소한 이야기만 한다거나, 이유 없이 화를 내는 등 다양한 행동
으로 나타난다. 저항은 그동안 억압해 왔던 무의식의 내용을 의식화하는 것을
방해하는 것으로 볼 수 있는데, 치료 과정에서 야기되는 불안이 클라이언트로
하여금 방어하게 하는 것으로 이해할 수 있다.

　클라이언트의 저항은 충분히 그럴만한 이유가 있는 것이므로 존중해 주는
게 좋다. 이러한 저항이 나타났을 때에는 클라이언트가 받아들일 수 있는 시점
에서 적절히 다루면서 저항 이면에 숨겨진 의미 있는 이유부터 먼저 인식하는
것이 바람직하다.

(3) 프로이트 이후의 정신분석 이론
　프로이트의 정신분석 이론은 이후 여러 학자에 의해 변형, 발전되었다. 정신
분석을 발전시킨 이론은 자아심리학, 대상관계 이론, 자기심리학 등이 있다.

① 자아심리학

자아심리학ego psychology은 프로이트의 딸인 안나 프로이트Anna Freud와 하트만 Hartman에 의해 발전되었다. 무의식이 아닌, 자아를 대상으로 하는 심리학으로 심층심리학과 구별하여 자아심리학이라 부른다. 여기에서 자아란 지각하고 판단하며 결정을 내리고, 환경 변화에 대응하여 적응해 가는 기능을 완수하는 주체가 된다. 이에 따라 자아는 불안이나 심리적 갈등에 의해 형성되는 것이 아니라 자율적인 것으로 보았다. 사회적으로 격리되고 적절한 자극을 받지 못해 부모와의 상호작용이 부적절하면 자아는 발달하지 않는다. 자아심리학은 프로이드의 정신분석에서 자아의 자율적 기능을 강조하며, 자아 방어와 자아 적응에 대한 이론을 발전시켰다.

② 대상관계 이론

대상관계 이론object relation theory은 초기 아동기에 형성되는 성격구조의 발달을 강조한다. 멜라니 클라인Melanie Klein, 페어바이른Fairbairn, 위니컷Winnicott, 발린트Balint 등에 의해 발전되었다. 대상관계 이론은 클라이언트 내면에 자리 잡고 있는 내적 대상관계의 반복적인 패턴에 주목한다. '대상'은 어머니를 비롯하여 관계를 맺는 타인을 총칭하는 용어다. 클라이언트는 과거 의미 있는 사람과의 상호작용을 통해 그 대상과의 경험과 그 경험에 수반되는 정서 상태까지 내면화하여 대상표상을 형성하게 된다. 여기에서 표상은 자기 자신과 대상에 갖는 어떤 정신적인 상image이다. 대상에 반응하고 행동하면서 대상표상을 형성하는 가운데 자기표상도 만들게 되는데, 자기표상은 양육자와의 경험을 바탕으로 자신에 대한 지각, 느낌, 기억, 의미를 포괄하여 내면화하는 것이다.

개인 초기의 긍정적·부정적 경험은 자기표상과 대상표상으로 내면화된다. 이 과정에서 유아가 적절한 관심과 애정을 경험하면 긍정적인 측면이 보다 강조되는, 하나의 통합된 구조로 자신과 대상에 대한 어떤 체계적인 표상이 자리 잡게 된다. '좋은 어머니'는 세상에 대한 근원적인 신뢰감을 형성하고, 자아 기능 발달을 촉진시키며, 자기 가치관과 안정된 정체감의 토대를 이루게 된다. 그러나 '나쁜 어머니'는 자기표상과 대상표상이 부정적인 지각과 정서로 구성되어 낮은 자존감과 취약한 자아구조를 갖게 하고 왜곡된 지각과 부정적인 정서를 형성하여 대인관계에 어려움을 겪게 한다.

③ 자기심리학

자기심리학self psychology는 코헛Kohut과 그의 동료들이 발전시켰는데, 특히 자기의 개념과 함께 자기애를 중점적으로 다루고 있다. 부모와의 상호작용을 통해 자기가 발달 · 분화 · 통합되는 과정을 설명한다. 또한 자기 구조의 발달을 강조하면서 자기됨selfhood에 관한 주관적 경험과 자기대상과의 관계를 중요하게 다룬다. 이러한 발달과정에서 부모의 공감을 중요시하며, 치료 과정에서도 공감을 일차적 치료 도구로 간주한다.

2) 분석심리치료

융Jung의 분석심리치료는 정신에 대한 개념을 확립하였다. 정신psyche은 마음spirit, 영혼soul, 관념idea의 조합으로 성격의 내부 영역을 의미한다. 사람이 무엇을 지각하느냐는 그 사람이 누구냐에 의해 결정되는데, 이러한 정신의 실체는 클라이언트가 가진 심상, 환상, 신화 및 행동을 통해 얻은 자료로 확인될 수 있다. 정신은 의식뿐만 아니라 개인무의식과 집단무의식을 포함하며, 균형과 보상을 이루는 대극체계로 이루어진다. 융은 의식과 무의식이 조화를 이룰 때 전체성을 향한 자기실현과 개성화가 이루어진다고 보았다. 또한 인간에게는 자기 자신을 치유할 수 있는 잠재력이 있으며, 치료자와 클라이언트가 심도 있게 성장을 촉진하는 경험에 함께하는 것을 중요시하였다. 분석심리치료의 주요 개념은 다음과 같다.

(1) 주요 개념

① 개인무의식

프로이트는 의식이 억압된 것이 모여 무의식을 이루는 것으로 보았지만, 융은 무의식을 자아가 생기기 이전에 기초하고 있는 정신 영역으로 정의하고 있다. 무의식은 크게 개인무의식과 집단무의식으로 이루어져 있다. 일반적으로 개인무의식은 의식화되지 못한 경험이 대부분이며, 개인의 고유한 특성을 드러낼 수 있는 내용이 함께한다. 자아와 밀접하게 연결되어 있으며, 자아의 필요에 따라 의식화되기도 한다. 개인무의식은 수많은 콤플렉스로 이루어져 있으며, 자아가 분화되면서 그림자도 함께한다.

② 콤플렉스

콤플렉스complex는 인격적 특성을 지닌 부분 인격체이며, 신체적 증상이나 심상을 통해 드러난다. 콤플렉스는 의식과 함께 하지만 자아가 인식되지 못하므로 무의식이라고 부르기도 한다. 콤플렉스는 단어연상 검사를 통해 알려지기 시작했는데, 특정 인물에 대한 민감하고 강한 감정의 덩어리로 정의되었다. 대부분의 사람은 콤플렉스 내용을 다른 사람에게 투사시켜 이를 조절하려고 한다. 개인의 발달과 성장을 위해서는 콤플렉스를 직면하는 힘든 심리적 작업을 필요로 할 수 있다.

③ 자아

자아ego는 콤플렉스 중 하나이면서 개개인의 고유한 특성을 드러내는 인격의 대표성을 가진다. 융은 자의식이 있기 전 수많은 의식의 파편이 별처럼 박혀 있다가 시간이 지나면 하나로 모여 자아 콤플렉스를 형성하고 비로소 '나'를 표현할 수 있는 주체로서의 힘을 가지게 된다고 하였다. 사고, 감정, 소망, 신체적 감각을 포함한 '나'를 의미하며, 의식의 중심이 되어 무의식 영역과 외부 세계를 중재하는 역할을 한다. 무의식을 의식화해 가는 작업을 통해 의식과 무의식은 서로를 보완해 주는 역할을 하며 온전한 '나'가 될 수 있게 한다.

자아는 개체의 특성을 담아낼 수 있는 인격이 시작되는 토대가 된다. 인생의 초반기에는 자아 콤플렉스를 완성하여 사회적 역할 수행이 가능해지고, 인생 후반기에는 사회와의 관계 속에 매몰된 자아를 찾아내며 진짜 '나'가 되도록 하는 데 초점을 두게 된다.

④ 그림자

그림자shadow는 개인무의식 속에 자리 잡은 자아의 일부로서, 자아가 개발하기를 부인하고 거부하는 모든 것을 의미한다. 그림자는 보통 부도덕성, 공격성, 잔인성, 두려움 등 인간의 악하고 부정적이고 열등한 측면을 가지거나 반사회적인 욕망을 드러내므로 직면하기가 쉽지 않다. 그림자를 의식화하는 것은 분석의 초기 작업에서 많이 일어난다. 그림자의 부정적인 내용을 자신의 내면에 있는 것으로 인정하고 의식화함에 따라 클라이언트는 자신을 있는 그대로 받아들이게 되고 자신의 한계를 인정하게 된다.

⑤ 페르소나

페르소나persona의 어원은 고대 그리스 연극에서 배우들이 쓰던 가면에서 비롯된다. 분석심리학에서 사용되는 페르소나는 사회에서 개인이 갖는 공적인 '얼굴'을 의미하며, 자아로 하여금 외부 세계와 관계를 맺도록 돕는 기능을 한다. 페르소나를 적절하게 사용하는 것은 사회생활을 잘할 수 있게 도와주지만, 페르소나만을 동일시하여 행동할 때 거짓 인격을 만들게 된다. 자신의 내연의 삶은 무시하고 페르소나와 지나치게 동일시하는 사람들이 심리적 고통을 갖기 쉽다.

⑥ 집단무의식

집단무의식은 인간이 태어날 때부터 이미 가지고 태어나는 것으로 인간의 가장 보편적이고 원초적인 내용을 담고 있다. 이는 인류가 형성되면서 현재에 이르기까지 축적된 오랜 경험을 저장해 온 모든 잠재적 기억의 흔적이라고 할 수 있다. 융은 집단무의식이 인간의 성격 구조와 기능의 기초를 이루며 어떤 사물이나 인간, 상황에 대해 인간이 원초적으로 보이는 모든 반응의 양식을 이루는 것이라고 하였다. 집단무의식은 원형적 심상을 통해 개인에게 나타난다.

⑦ 원형

원형archetype은 집단무의식의 내용물이다. 개인무의식 차원과는 상관없는 원시적이고 보편적인 상징으로 이루어져 있는데, 이는 시간적 · 공간적 · 지리적 조건을 넘어선 인간성의 원초적 조건을 의미한다. 원형은 꿈, 신화, 동화, 예술 등에서 나타나는 상징을 통해 이해될 수 있다. 원형은 집단무의식으로부터 방출된 에너지가 의식과 행동으로 흐르게 하는 통로가 된다.

⑧ 아니마/아니무스

융은 아니마anima/아니무스animus를 우리의 내적 인격으로 명명하고 있다. 이는 고도의 자율성을 지닌 독립된 인격체로서 심혼과 같은 의미로 볼 수 있다. 외부 세계와의 관계 속에서 형성되어 외적 태도를 나타내는 페르소나를 보상하기 위해 내면 세계와의 내적 태도와 연관된 정신 요소가 아니마/아니무스이기 때문이다. 아니마는 남성 내면에 있는 여성적 원형적 심상이고, 아니무스는 여성 내면에 있는 남성적 원형적 심상이 된다.

융은 남성의 페르소나가 로고스의 특성을 지니므로 남성의 아니마는 에로스eros적인 특성을 지니며, 같은 맥락에서 여성의 아니무스는 로고스logos적인 특성을 지닌다고 보았다. 에로스의 개념은 심적 관계로 설명될 수 있으며 주로 기분, 감정mood과 관련된다. 로고스는 사실에 대한 관심으로 표현할 수 있으며 주로 의견opinion을 만들어 낸다. 아니마/아니무스는 이성과의 관계를 통해 투사되어 나타나며 사회적 관계와 역할 형성에 영향을 준다. 즉, 아니마/아니무스를 외부에 투사함으로써 이성에 대한 관심이 생기고 소망하는 이성상을 상대에게 기대함으로써 남녀의 역할을 유지하게 만들기도 하는 것이다. 아니마/아니무스는 의식의 기능을 도와주고 보완하는 역할을 하지만, 부정적으로 발전하면 자신이 아니마/아니무스와 동화되어 행동할 수도 있다.

⑨ 개성화

개성화 individuation는 자기실현으로, 개인적 발달의 목표가 된다. 융은 전일성 wholeness을 향해 나아가는 것을 개성화라고 불렀다. 또한 자기 Self는 성격을 배열하고 통합하는 원형적 에너지로, 전체 인격의 중심이 된다([그림 2-4] 참조).

융은 생의 초반 과업을 외부 환경에 적응하는 '외향화의 완수'로 보았다. 즉, 무의식으로부터 자아의식을 정립 · 분화 · 완성시키면서 인격 있는 하나의 개체로서 성장하여 사회의 일원이 되고, 사회적 가치를 획득하게 되면 타인과의 관계 속에서 자신의 위치를 만들어 외향화를 완성하게 되는 것이다.

그러나 인생 후반부의 과업은 한 개인의 내적 세계에 적응하는 '내향화의 완

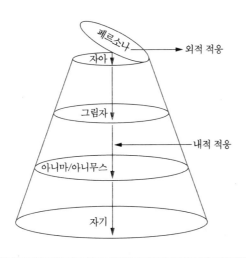

[그림 2-4] **자기실현의 과정**

출처: 이부영(1998).

수'에 있다. 인생 중반기 이후 성인은 자신도 모르게 사회적으로 통용되는 인격과 자신이 가진 고유의 인격 사이에서 갈등하며 살아간다. 외향화 완수를 통해 습득된 구조를 가지고 다시 자신의 내면을 들여다봄으로써 통합된 진정한 자신의 모습을 찾길 원하게 된다. '집단에서의 나'가 아니라 '한 개인으로서의 나'를 완성하여 나답게 살 수 있는 저력을 만들어 가는 것이다. 인격을 완성하여 개별적 존재로서의 자신의 특성을 꽃피우는 것이 개성화다.

(2) 치료 기법

분석심리치료는 진지한 대화를 통해 클라이언트의 발달단계에 치료자가 함께하면서 치료 목표를 이루게 된다. 분석심리치료의 기본 기법은 다음과 같다.

① 꿈 분석

프로이트는 꿈을 '억압된 욕구가 충족된 것'으로 보았으나, 융은 '무의식적인 과정이 자연스럽게, 의도를 가지고, 자율적으로, 솔직하게 표현된 것'으로 보았다. 그런 의미에서 꿈은 무의식의 메시지를 의식에게 전달하는 통로가 된다. 일방적인 의식의 태도를 보상compension하여 조화롭게 삶을 살아가길 원한다. 꿈은 다층적으로 해석될 수 있는데, 주관단계와 객관단계로 나누어 해석할 수 있다. 주관단계는 클라이언트 자신의 실제에 있는 인물 등에 대한 사실적 감정과 연상을 중심으로 이루어진다. 반면에 객관단계는 신화, 민담 등에 나타난 상징을 중심으로 확충amplification을 통해 꿈의 의미를 읽어 내려고 하는 것이다. 즉, 무의식이 꿈을 통해 클라이언트에게 어떤 메시지를 주고자 하는지를 목적론적 입장에서 분석하게 된다.

② 그림 분석과 적극적 명상

분석심리치료에서는 마음에서 우러나오는 충동에 따라 적극적으로 그림을 그리게 함으로써 무의식의 내용을 나타낼 수 있으며 감정을 표현하고 더 나아가 무의식의 창조적 기능을 자극할 수 있다고 본다. 치료사는 클라이언트가 그린 그림의 형식과 형태, 그림의 공간과 배치, 그림의 색채 및 내용 등 다양한 관점에서 보이는 상징적 의미와 관계성을 살펴보게 된다.

적극적 명상은 무의식과의 대화를 시도함으로써 직접 체험하는 과정이다. 즉, 클라이언트의 무의식에서 올라오는 감정이나 환상, 꿈에서의 내용을 적극적으로 의식에 떠오르게 함으로써 이를 객관화하여 대화하는 방식을 취하게 된다. 무의식을 직접 다루는 방식이므로 전문적인 치료사의 도움이 필요하다.

2. 행동치료

행동치료는 전통적인 정신역동 모형과는 기본적으로 다른 인간행동의 심리적 모형을 제시하였으며, 과학적 방법의 수행을 강조하고 있다. 행동치료에서 인간의 문제 행동은 성장 과정에서의 부적절한 학습과 강화에 의한 결과로 본다. 이에 따라 부적절한 행동이 더 이상 강화되지 않도록 환경을 변화시키거나 새로운 행동을 학습하게 함으로써 문제 행동을 조절할 수 있다고 본다.

초기 행동치료는 인간 행동을 변화시켜 내면의 변화를 이끌어 내기 위해 관찰 가능한 인간의 행동에 관심을 가졌다. 조건과 반응, 강화, 모방 등의 개념을 가지고 인간 행동의 원인과 행동 수정 등을 연구해 왔다. 인지치료는 전통적 행동치료 영역에서 확대되어 인간 행동을 이해하는 관점을 확장하였다. 행동치료의 주요 개념은 다음과 같다.

1) 주요 개념

현대 행동치료는 크게 고전적 조건화, 조작적 조건화, 사회인지 이론으로 분류할 수 있다.

(1) 고전적 조건화

이 접근은 고전적 조건 형성 원리를 응용한 것으로, 헐^{Hull}의 자극-반응 Stimulation-Response(S-R) 학습이론과 파블로프^{Pavlov}의 조건형성 원리를 바탕으로 울 페^{Wolpe}, 라자루스^{Lazarus} 등의 학자가 동물실험 연구를 임상에 응용하기 시작하 면서 발전하였다. 파블로프는 실험을 통해 종소리와 음식을 짝을 지어 제시하 면 개가 침을 분비하는데, 이 과정을 반복하면 나중에는 음식 없이 종소리만으 로도 침을 흘리게 되는 조건화 과정을 발견하였다. 평소 특정한 반응을 이끌어 내지 못했던 자극이 무조건 자극^{Unconditioned Stimulus: US}과 연합하여 반복 제시되면 조건 자극^{Conditioned Stimulus: CS}만으로도 유기체의 반응이 일어나게 되는 것이다. 이때 개에게 종소리를 들려주는 것은 조건 자극이고, 종소리와 함께 음식을 주 는 것은 무조건 자극이며, 종소리에 반응하여 침을 분비하는 것은 조건 반응 Conditioned Response: CR이 된다([그림 2-5] 참조).

자극-반응 이론은 체계적 둔감화, 홍수법과 같은 기법과 밀접하게 연관된다.

먹이 (무조건 자극)	타액 (무조건 반응)		
종소리	반응 없음		
종소리+먹이 (무조건 자극)	타액 (무조건 반응)		
종소리 (조건 자극)	타액 (조건 반응)		

[그림 2-5] **파블로프의 실험**

(2) 조작적 조건화

　조작적 조건화Operant conditioning는 스키너Skinner의 조작적 조건형성 이론을 기본으로 한다. 스키너는 실험([그림 2-6] 참조)을 통해 먹이를 먹기 위해 지렛대를 조작하는 것처럼, 결과에 영향을 미칠 수 있는 행동들을 조작함으로써 그 행동의 발생 가능성을 높이도록 제안하였다. 이는 결과를 산출하기 위해 환경을 조작하는 것으로, 유기체의 능동적 반응이 정적 및 부적 강화에 의해 증가되거나 벌에 의해 감소되는 것을 의미한다. 즉, 자극에 대한 긍정적 반응이 이루어질 때 보상이 주어지는 등 일어난 행동의 결과에 따라 행동의 변화가 나타나는 것이다. 이 접근은 관찰 가능한 행동에 초점을 두며, 모든 인지적 매개 과정은 고려하지 않는다.

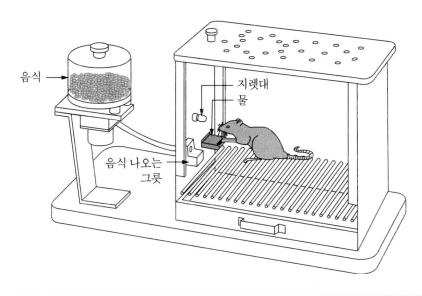

음식
지렛대
물
음식 나오는
그릇

[그림 2-6] 스키너의 상자

(3) 사회인지 이론

사회인지 이론은 외적 자극 사건, 외적 강화, 인지 매개 과정이 각각 분리되어 있지만 상호작용하는 조절 체계에 기초하여 행동이 이루어진다는 기본 가정을 가진다. 이 접근에서 심리적 기능은 인지적 과정과 환경적 요인의 상호작용에 의해 일어난다.

대표적인 학자 반두라Bandura는 인간이 자기-지시적 행동 변화를 할 수 있다는 기본 가정을 토대로 인간은 사회적 상황에서 타인의 행동을 모방하면서 많은 것을 학습한다고 하였다. 관찰 학습을 통해 형성된 정보는 자기 효율성이라는 강화를 통해 저장되고 필요할 때 행동으로 옮겨지게 된다. 자기효능감self-efficacy은 상황을 통제하여 원하는 변화를 가져오게 하는 개인의 신념이나 기대로, 사회학습 이론의 중요한 개념이다. 모델링modeling을 통한 행동학습은 외적 강화 없이도 이루어질 수 있다. 사회인지 이론에 많은 영향을 받은 행동치료 분야가 발전하여 인지적 방법을 임상에 적용시키게 되었다.

2) 치료 기법

(1) 학습원리

조작적 조건형성은 행동이 환경적 결과임을 강조한다. 즉, 행동은 정적 및 부적 강화에 의해 강화되고 벌에 의해 약화된다는 것이다. 여기에서 정적 강화positive reinforcement는 긍정적 사건이 있은 후 반응의 빈도가 증가하는 것으로, 목표 행동에 대해 어떤 부가적인 것(칭찬, 돈, 음식 등)이 주어진다. 부적 강화negative reinforcement는 예상되는 혐오적인 사건을 회피하거나 도피함으로써 목표행동이 증가되는 것으로, 불안을 피하기 위해 집에만 머물러 있는 것도 하나의 예시가 될 수 있다.

처벌은 반응과 혐오스러운 사건을 결부시켜 반응 빈도를 감소시키는 것이다. 예를 들어, 버릇없이 행동하는 아동이 부모에게 비난받거나 벌을 받음으로써 문제 행동이 억제되는 것이다. 또한 소거는 반응이 중단되거나 제거되는 것을 말한다. 즉, 바람직하지 않은 행동에 대해 무시함으로써 부적절한 관심조차 제공되지 않는 것을 의미한다. 변별학습은 어떤 반응이 상황에 따라 다르게 받아들여졌을 때 일어난다. 예를 들어, 어떤 환경에서는 음식에 대한 조절을 할 수 있으나, 혼자 있거나 좌절감이나 우울감을 느낄 때에는 자기통제를 못하게 될 수 있다. 일반화는 조작적 상황이 아닌 곳에서도 목표 행동이 일어나는 것을 말한다.

또한 상담자와 클라이언트는 사전에 바람직한 행동과 바람직하지 않은 행동에 대한 정의를 내리고 강화와 처벌 방법, 시기 등 구체적인 규정을 정할 수 있다. 이때 토큰은 직접적으로 보상을 하는 방법 대신 구매력을 가진 상징적인 표나 점수 등을 주는 이차 강화 방법으로 사용될 수 있다.

(2) 체계적 둔감법

울페가 개발한 기본적인 행동 절차로 고전적 조건형성 원리에 기초를 두고 있다. 체계적 둔감법은 불안과 회피반응을 다루는 데 널리 사용되고 있다. '이완 훈련, 불안위계표 작성, 체계적 둔감법 실시'의 단계를 거친다. 근육 이완을 위해서는 단계적으로 이완 상황의 심상을 만들도록 한 후에, 조용하고 평화로운 상태에 도달했을 때 몸의 각 부분을 이완시키도록 한다. 불안위계표는 클라이언트가 생각할 수 있는 가장 나쁜 상황으로부터 불안을 가장 덜 느끼게 되는 상황까지 순서대로 배열하는 것이다. 작성된 불안위계표에 따라 불안을 일으키는 상황을 점진적이고 상징적으로 경험하면서 그 상황을 스스로 통제하며 불안을 극복하도록 돕는다.

3. 인지행동치료

인지치료는 인간이 사고하는 존재라는 것을 전제로 한다. 개념형성과 정보처리, 문제해결 등 인간의 인지과정을 토대로 인간의 문제행동에 접근한다.

인지는 정신과정과 기억구조를 포함한다. 정신과정은 어떤 과제를 수행하는 사람의 머릿속에서 일어나는 모든 것을 의미하며, 기억구조는 지식을 저장하고 필요할 때 사용하는 방식을 지칭한다. 그러므로 인지 체계는 인간이 사건을 어떻게 지각하고 해석하고 의미를 부여하는지에 대한 과정이라고 할 수 있다. 인지행동치료에서는 인간의 행동이 대부분 그 사람의 인지에 의해 결정된다고 본다. 이에 따르면 문제행동은 개인의 역기능적인 사고와 비합리적인 신념체계에서 비롯된다. 인지행동치료에는 합리적 정서행동치료, 인지치료 등이 있다.

1) 합리적 정서행동치료

엘리스Ellis의 합리적 정서행동치료Rational Emotive Behavior Therapy: REBT는 다양한 인지적 · 정서적 · 행동적 치료 방법을 포괄적으로 통합한다. 합리적 정서행동치료에서 인간은 선천적으로 합리적인 사고나 비합리적인 사고를 할 수 있는 가능성 모두를 가지고 태어난다고 가정한다. 엘리스는 인간이 자기대화적 · 자기평가적 · 자기지지적이지만, 선천적인 비합리적 사고와 후천적으로 학습된 자기 패배적

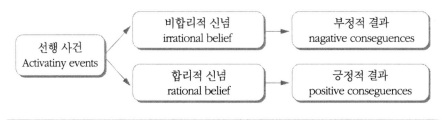

[그림 2-7] 성격의 ABC 이론

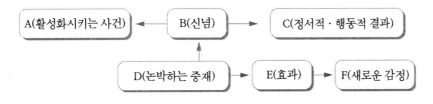

A(활성화시키는 사건) ← B(신념) → C(정서적 · 행동적 결과)

D(논박하는 중재) → E(효과) → F(새로운 감정)

[그림 2-8] 합리적-정서적 상담 진행 과정

양식이 자신이 성장하고 실현해 나가려는 경향성을 방해할 수 있다고 하였다.

정서장애와 관련된 원인은 비합리적 사고, 특히 비난을 개인 스스로가 반복하기 때문이다. 비현실적이거나 경직되고 융통성 있는 사고방식으로, '하지 않으면 안 된다.' 또는 '반드시 해야 한다.'라고 내면화하여 궁극적으로 자기 패배감을 불러일으키는 비합리적 사고는 우리를 정서적으로 혼란스럽게 한다.

성격의 A-B-C 이론은 합리적 정서행동치료에서 중요한 개념이다([그림 2-7] 참조). 감정 및 행동 등을 발생시키는 선행 사건Activating events: A을 접하게 되면 개인은 그 사건에 대해 합리적 신념rational Belief: B 혹은 비합리적 신념Irrational Belief: B을 갖게 되고 이를 통해 정서적 · 행동적 결과Consequence: C가 나타난다. 이때 비합리적 신념은 건강하지 않은 부정적 정서 혹은 자기 패배적인 행동 반응을 이끌어낸다. A-B-C 후에 논박Disputing: D이 온다. 논박은 과학적 방법을 사용해 클라이언트의 비합리적 신념에 도전하도록 탐색, 반박, 변별의 과정을 갖게 한다. 비합리적 신념을 변화시키게 되면 그에 따른 새로운 철학과 건강한 정서 · 건설적 행동이 나타나는 효과Effect: E가 생긴다. 이는 상황에 대해 적절하고도 새로운 감정Feeling: F을 느끼게 한다.

이러한 과정을 통해 우리는 있는 그대로의 자신을 수용하는 것을 배우게 된다. 누구나 다른 사람에게 인정과 사랑을 받고 싶지만 반드시 그래야 하는 것은 아니라는 것도 알게 된다. 엘리스의 합리적 정서 행동치료는 클라이언트가 스스로 정서장애를 다루는 것이 중요함을 강조한다. 구조화된 단기치료를 지향하며, 집단치료에도 적합한 치료 방법으로 활용된다.

2) 인지치료

벡Beck의 인지치료Cognitive Therapy: CT는 합리적 정서행동치료와 마찬가지로 적극적이고 현재 중심적이며 구조적인 접근을 한다. 그러나 인지치료는 역기능적 인지 도식, 인지적 오류, 자동적 사고 등의 중요한 개념을 다루면서 부정적 사고와 부적응적 신념을 인식하고 변화시켜야 함을 강조한다. 외부에서 스트레스 및 사건이 발생하였을 때 역기능적 인지 도식, 즉 현실에 적응하는 데 악영향을 끼치는 개인의 기본 생각의 틀을 통해 인지적 오류를 빚는다고 보기 때문이다. 여기서 인지적 오류는 스트레스 혹은 사건에 대해 개인 스스로가 해석·판단하는 과정에서 발생하는 판단의 오류를 의미한다.

과거로부터 쌓아 온 인지 도식에 의해 인지적 오류를 계속 반복함에 따라 부정적인 자동적 사고를 불러일으킨다. 자동적 사고란 어느 한 사건 및 대상을 겪게 되는 상황에서 자동적으로 움직이는 인지의 흐름을 말한다. 이러한 부정적 자동적 사고를 통해 개인의 심리적 문제가 야기된 것이다. 이런 과정을 통해 인간은 역기능적 인지 도식에서 부정적 자동적 사고에 이르는 인식 체계를 기억에 저장하게 된다. 그리하여 자기 자신과 세계 그리고 미래를 지각하는 개인만의 방식을 갖게 되는데, 이를 스키마Schema라고 한다.

벡의 인지치료 목적은 개인의 부정적 사고 및 인지적 오류, 역기능적 인지 도식을 찾아 재구성하여 새로운 사고를 하게끔 하는 것이다. 벡의 인지치료는 특히 우울증 치료에 효과를 보였다. 우울증상 겪는 클라이언트는 대부분 자기 자신에 대해, 자신의 미래에 대해, 세상에 대해 부정적인 생각을 하며 자신이 부적절하고 버림받고 쓸모없는 사람으로 지각했다. 벡은 이러한 부정적인 자동적 사고를 찾아내어 그러한 사고를 하게끔 하는 인지적 오류와 함께 역기능적 인지 도식까지 탐색하였다. 그리하여 현실적인 면, 합리적인 면, 유용성 측면에서 검토한 후 긍정적인 인지를 새롭게 내면화하게끔 클라이언트를 돕게 된다.

〈표 2-3〉 인지적 오류의 유형

종 류	내 용
흑백논리	사건을 해석할 때 중간지점 없이 이것 아니면 저것의 양극단적으로, 이분법적인 사고로 해석함
과잉 일반화	한두 번의 경험을 바탕으로 내린 결론을 다른 모든 상황에 적용하여 결론을 내림
임의적 추론	충분한 근거도 없이 마음 내키는 대로 결론부터 내림
개인화	자신과 직접 관련지을 만한 일이 아니어도 충분한 근거 없이 주위 사건을 자신과 연관시켜 생각함
선택적 추상화	상황이나 사건의 주된 내용은 무시하고 일부 특정 정보에만 집중함
의미의 과장과 축소	사건이나 경험에 대해 극단적으로 의미를 확대시키거나 축소시켜 평가절하함
긍정 격하	자신의 장점이나 긍정적인 경험을 평가절하하여 무력화시킴
파국화	하나의 사건 및 대상에 대해 지나치게 비관적이고 부정적으로 생각하여 두려워함
명명/ 잘못된 명명	과잉 일반화가 극단화되어 하나의 사건 및 대상에 기초해 매우 부정적으로 해석함
정서적 추론	자신의 감정과 느낌을 근거로 다른 여러 상황을 판단함

4. 인간중심치료

　인간중심치료에서 모든 인간은 선하게 태어났으며 사회적이고 미래 지향적이며 자기실현을 하려는 경향성actualizing tendency을 갖고 있다고 본다. 과거와 미래보다 현재를 중시하며, 행동에 대한 개인의 책임을 중시하고, 사람은 누구나 내재한 가치가 있는 존재라는 것, 삶의 궁극적인 목표로 개인적인 성장과 이해를 얻는 것 등을 강조하고 있다. 또한 인간중심치료에서는 어떻게 사건과 대상을 지각하고 이해하느냐에 따른 주관적인 현실 지각에 따라 자신을 구성한다는 현상학적 전제를 가지고 있다.

　인간중심치료에서는 치료사의 인간적 자질, 신념, 태도, 치료 관계에 대한 관심을 통해 치료 관계의 질적 측면이 클라이언트의 성장에 중요한 변수라는 개념을 제시하고 있다. 따라서 인간중심치료에서는 가능한 정직하고 솔직한 관계를 중요시하며 클라이언트와 진정으로 배려하고 경청하는 관계가 되도록 한다. 또한 클라이언트를 평가하거나 해석하지 않으며 치료사가 '무엇을 하지 않느냐'를 '무엇을 하느냐' 만큼 중시한다.

1) 주요 개념

(1) 인간관

인간중심치료는 클라이언트가 자기 이해와 자기 개념, 행동, 타인에 대한 태도를 변화시킬 수 있는 무한한 자원을 가지고 있다는 신뢰를 기본 전제로 하고 있다. 치료사는 클라이언트가 자신과 세계를 지각하는 방식에 관심을 두고 접근하여 '지금-여기'에서의 경험에 관심을 갖는다. 개인마다 독특한 관점을 가지고 세상을 인지한다는 것을 인정하며, 인간은 외부적 요인과 상호작용하는 존재로 이해한다.

(2) 성격이론

로저스Rogers의 성격이론은 성장 지향적으로 설명될 수 있다. 즉, 인간은 선천적으로 자신이 지각하고 있는 현실 세계 안에서 자기실현을 하려는 욕구와 능력을 가지고 있다. 인간중심치료의 전반적인 목표는 클라이언트가 좀 더 개방적으로 경험을 하고 자기 신뢰를 통해 내적 가치조건을 만들면서 지속적으로 성장하려는 의지를 갖게 하는 것이다. 개인이 긍정적으로 존중을 받을 만한 가치가 있는지를 판단하는 내적 가치기준은 현재의 개인 행동을 결정짓는다. 만일 외부의 가치조건만을 따르게 될 경우 자신이 스스로 경험하는 사실을 왜곡하고 부정하며 갈등과 불안을 겪는 등 심리적 부적응을 겪을 수 있다. 그러므로 클라이언트가 자신에 대해 어떻게 지각하고 느끼느냐는 매우 중요하다. 왜냐하면 개인의 지각과 감정이 자기 개념과 얼마나 일치하느냐에 따라 심리적 적응 여부가 결정되기 때문이다.

자기Self는 현상적 장(주관적 세계 혹은 경험적 세계)phenomenal field에서 개인이 인식하는 자신을 의미한다. 개인 스스로가 높게 가치를 부여하며 소망하는 이상적 자기ideal Self와 현재 자신의 모습을 인식하고 있는 실제적 자기Actual Self가 불일치할수록 심리적 부적응이 나타난다([그림 2-9] 참조).

인간중심치료의 목표는 클라이언트 자신의 감정을 인지하고 명료화하여 왜곡된 경험, 느낌, 자기 개념, 타인과 주변 환경에 대한 지각 등을 변화시키는 것이다. 즉, 클라이언트 내면에 이미 존재하고 있는 잠재력을 발휘하여 자기 개념과 체험 간의 차이를 인정하고 표현하고 일치시킴으로써 심리적 적응을 이루어 가는 것이다. 치료 과정을 통해 자기실현을 하는 사람이 되면 경험에 대한 개방성, 자신에 대한 신뢰, 내적 평가, 지속적인 성장에 대한 의지, 창조성의 특성을 지닌다.

클라이언트의 자존감이 향상되면 타인이 자신을 어떻게 생각할지에 대해 지나치게 염려하던 것에서 벗어나, 보다 자유롭고 유연성 있게 세상을 경험하게 된다. 즉, 클라이언트는 스스로 결정한 개인 자신의 행동이 어떠하든 상관없이 스스로 책임지며 앞으로의 문제에 더 잘 대처할 수 있는 자신만의 힘을 키워 가게 되는 것이다.

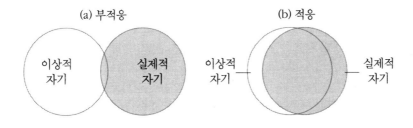

[그림 2-9] 부적응과 적응 모형

2) 치료 기법

로저스의 인간에 대한 이해는 치료 관계에 대한 시각의 변화와 함께 치료 기법에도 많은 영향을 주었다. 치료적 변화는 클라이언트의 경험과 함께 클라이언트가 치료사를 어떻게 지각하는지에 따라 결정된다. 치료사의 태도는 클라이언트가 자신의 감정, 신념, 행동 등을 폭넓게 탐색하는 데 중요한 역할을 하기 때문이다. 클라이언트는 치료사가 자신을 잘 이해해 주고 수용해 준다고 느낄 때 방어를 풀고 그동안 인식하기를 거부하거나 왜곡시켜 왔던 자신의 생활 영역을 탐색할 수 있게 된다. 치료사의 태도, 즉 진솔성, 무조건적인 긍정과 존중 그리고 정확한 공감적 이해는 치료 관계의 본질적인 부분을 이룬다. 이러한 특성이 클라이언트에게 잘 전달되면 클라이언트 자신도 진실하게 되며, 궁극적으로 자신을 묶고 있던 것에서 벗어나 보다 자유롭고 성숙한 모습으로 나아가게 된다. 치료사의 태도를 좀 더 살펴보면 다음과 같다.

첫째, 진솔성은 치료자의 생각과 행동이 일치해야 하며 진실되고 솔직해야 한다는 것을 의미한다. 치료사는 내적 경험이나 외적인 표현이 일치해야 하며, 특히 클라이언트와의 관계에서 지금 느껴지는 감정, 생각, 반응, 태도 등을 있는 그대로 표현하도록 노력해야 한다. 물론 이러한 자기 노출은 적절한 타이밍을 필요로 한다.

둘째, 무조건적인 긍정과 존중은 클라이언트를 한 인간으로서 깊이 있게 바라보고 관심 갖는 것을 의미한다. 치료사는 클라이언트를 있는 그대로 존중하면서 긍정적으로 따뜻하게 수용하려고 노력해야 한다. 클라이언트의 감정이나 경험에 대해 비판하지 않고 배려하며 기꺼이 함께하는 것을 포함한다.

셋째, 공감은 즉각적이고 직접적이며 지속적인 과정으로, 치료사가 자신의 주체성을 잃지 않으면서 클라이언트의 감정을 자신의 감정인 것처럼 느끼며 클라이언트의 주관적인 세계를 공유하는 것이다. 치료사는 지금-여기에서의 경험을 민감하고 정확하게 이해해야 한다. 클라이언트의 경험을 잘 반영함으로써 공감적 이해를 높일 수 있다. 치료사가 클라이언트의 주관적 세계를 공유하게 되면 클라이언트는 자기 자신과 친밀해지면서 자신의 감정에 더 깊고 강하게 빠져들어 내면에 존재하는 부조화를 인식하여 해결하도록 지원받게 된다.

3) 매슬로의 욕구위계이론

미국의 심리학자 매슬로Maslow는 선천적으로 인간에게는 충족되어야 할 특정한 욕구가 존재하며, 충족되지 못한 욕구가 인간행동의 동기요인이 되어 삶의 변화를 이끈다고 주장하였다. 이 욕구는 위계를 이루고 있는데, 인간은 하위 단계의 욕구가 충족되면 그 다음 단계의 욕구를 충족시키고자 한다고 보았다. 일반적으로 매슬로의 욕구위계이론을 설명하면 다음과 같다.

1단계는 생리적 욕구Physiological로, 인간의 생존과 관련된 기본적이고 본능적인 것이다. 일차적으로 의식주와 관련되며 배고픔, 갈증, 수면, 성욕 등 본능적 생리현상에 따른 욕구를 포함한다. 2단계는 안전의 욕구Safety로, 외부의 위험요소로부터 정신적·신체적으로 자신을 보호하여 안정감을 갖고 보호받으며 살아가고 싶은 욕구를 의미한다. 3단계는 소속 및 애정의 욕구Love/Belonging로, 사회적 욕구라고도 한다. 인간은 친밀한 인간관계를 맺고 싶어 하며, 자신이 원하는 집단에 소속되어 애정을 나누고 싶어 한다. 4단계는 자기존중의 욕구Esteem로, 타인에게 인정과 존경받기를 원한다. 이와 같은 욕구는 권력, 명예, 지위상승을 추구하게 하는 원동력이 되기도 한다. 5단계는 자아실현의 욕구Self-actualization로, 인간은 자기완성을 위해 실현할 수 있는 스스로의 잠재력을 충분히 발휘하려는 동기를 가지게 된다.

매슬로의 욕구위계이론hierarchy of needs theory에서는 단계적으로 욕구를 충족해 나가게 되는데, 하위단계일수록 욕구가 더 강력하고 우선순위가 높다고 본다. 그러나 인간은 하위단계가 충족되지 않아도 상위단계의 욕구를 가지고 삶의 변화를 추구할 수 있다.

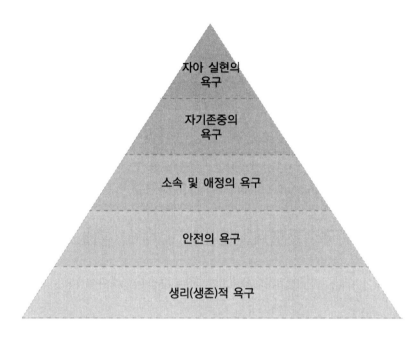

[그림 2-10] 매슬로우 욕구위계이론

정신건강

직장 20년차 P씨는 대기업의 임원이다. 그는 최근 자존심에 상처를 입고 우울 감과 분노감에 싸여 있다. 그는 명문대를 졸업하고 직장에서 고속 승진을 하였다. 스스로 우수하다고 생각하며 성공을 위해 노력해 왔다. 일중독이란 소리도 들었지 만 일이 자신의 삶에서 가장 중요하다고 생각해 왔다. 이러는 동안 동료로부터 비 인간적이라는 말을 듣게 되었고, 또한 가정에서도 자신이 설 자리가 없어졌으며, 아내, 자녀와의 관계도 점점 멀어져만 갔다. 밀려드는 삶의 공허함과 외로움 그리 고 타인에 대한 분노로 매일 술에 의존하게 되었으며, 이 때문에 정신적인 건강뿐 만 아니라 육체적인 건강도 잃게 되었다.

정신건강은 정신장애, 즉 정신적으로 질환이 있는가 없는가를 나타내는 정 신병리학적 개념에서 출발하였다. 그러나 현대사회에서는 개인의 정신 상태를 다각적인 측면에서 표현하기 위해 고려되는 보편적이며 포괄적인 의미로 사용 되고 있다.

정신건강을 설명하는 정신장애는 두 가지 모델, 즉 연속적 모델과 불연속적 모델에서 설명될 수 있다. 연속적 모델에서는 정신장애가 연속선상의 양극단에 위치하고 있어 정신이 건강하다는 것과 장애가 있고 없고의 구분이 엄격하지 않아 사회적 · 환경적 영향을 받기 쉽다고 인식하는 것이다. 한편 불연속적 모델(이분법적)에서는 정신장애는 질병이 있거나 그렇지 않으면 질병이 없는 두 가지 상태 중 하나에 속한다고 생각하는 것이다. 이 구분은 정신장애에 대한 기질적이고 생물학적인 접근을 강조한 개념이다. 그러나 최근에는 정신건강을 약한 수준부터 심각한 수준까지 다양한 연속선상에서 보아야 한다는 연속적 모델을 선호한다(김혜련, 신혜섭, 2001).

또한 정신건강이란 정신적으로 건강한 상태를 유지하고 증진한다는 적극적인 측면과 건강한 상태를 예방하고 치료한다는 소극적인 측면을 가지고 있다. 다시 말하면, 정신건강은 정신적인 문제, 즉 정신장애가 없는 상태가 아니라 정서적 · 사회적 문제에 대해 효율적으로 반응하고 대처하기 위한 능력을 얻는 것이라고 할 수 있다(오평자, 2008).

이러한 정신건강 문제는 심리적인 영역뿐만 아니라 신체적인 문제와도 연결되어 있으며, 개인뿐만 아니라 조직 및 사회 전체에도 영향을 미칠 수 있어 현대사회에서 중요한 이슈가 되고 있다. 따라서 현대인에게 자신의 정신건강과 관련된 문제를 인식하고 해결할 수 있도록 도와주는 것은 매우 필요한 일이며, 이는 심리치료의 목적과도 일치한다고 할 수 있다. 즉, 심리치료는 자신의 심리적인 문제를 인식하고 해결함으로써 자아를 통합하여 결국 건강하고 성숙한 인간으로 생활할 수 있도록 도와주는 것, 그리하여 정신적으로 건강한 인간으로 성장하도록 돕는 것이 목적이다. 정신건강과 관련된 문제는 크게 ① 우울, 불안, 분노 등의 정서 문제, ② 기억이나 자신의 정체성을 왜곡되게 인식하는 인지 문제, ③ 중독이나 강박 같은 행동 문제, ④ 타인과의 상호작용에 어려움을 보이는 관계 문제로 구분할 수 있다.

1. 정서

정서는 인간이 살아가면서 매일 경험하는 것이지만 한 마디로 정의를 내리는 것은 쉽지 않다. 일반적으로 정서는 어떤 자극을 받았을 때 개인의 내부에서 일어나는 강한 감정, 즉 한 개인이 외부의 상황에 직면하여 강한 감정의 동요를 일으키면서 생리적 변화가 일어나고 이에 따라 운동반응이 일어나는 것을 말한다. 클라인진나와 클라인진나(Kleinginna & Kleinginna, 1981)가 92개의 정서에 관한 개념을 정리한 결과, 정서는 ① 정서적 경험을 일으킬 수 있고, ② 인지과정을 유발할 수 있으며, ③ 생리적인 조절을 할 수 있다. 또한 정서는 ④ 표현적이고 목표지향적인 행동을 유발할 수 있다. 따라서 정서란 기쁨, 분노 같은 감정을 의미하지만 정확하게 느낌feeling과 일치하는 것은 아니며 신체와 두뇌에서 일어나는 모든 심리적인 반응(Damasio, 1996)을 말한다. 이러한 정서는 우리 마음과 몸 그리고 삶에 영향을 미치게 된다.

정서는 크게 긍정적 정서와 부정적 정서로 구분된다. 긍정적인 정서는 '확장-설립Broaden-and-Build 이론'(Fredrickson, 1998)에 의해 정보를 받아들일 때 유연성 있고 창의적이며 통합적·효율적 사고를 하여 스트레스로부터 적응적으로 대처할 수 있도록 도와준다. 결국 긍정적 정서는 개인의 적응과 심리적 안녕감, 삶의 만족도에 영향을 준다(Folkman & Moskowitz, 2000; Seligman, 2000).

하지만 부정적 정서는 공격-도피light-flight 등의 행동을 하게 하며 주관적인 고통, 우울, 불안장애를 유발하여 삶에서 적응을 어렵게 하는 등 많은 문제점을 보이게 된다(Rainer, 1984; Watson & Pennebaker, 1989). 따라서 삶에서 긍정적인 정서를 갖는 것은 매우 중요하다.

21세기 문화병으로 불리는 우울증은 정서적인 문제를 보이는 것으로 최근 많은 상담과 심리치료 영역에서 중시되고 있다. 이 밖에도 DSM-IV[1]에서는 다음과 같은 정서적인 문제를 언급하고 있다.

1) 기분장애

기분장애는 우울하거나 혹은 매우 흥분된 기분이 오랫동안 지속적으로 보이거나 혹은 번갈아 나타나는 것을 말한다. DSM-IV에서는 기분장애^{Mood Disorder}를 세 가지 범주로 표현하고 있다.

첫 번째 범주는 기분삽화, 즉 '주요 우울증 삽화^{major depressive episode}' '조중 삽화^{manic episode}' '혼재성 삽화^{mixed episode}' 그리고 '경조중 삽화^{hypomanic episode}'로 기술하고 있는데, 이러한 분류는 독립적인 장애로 진단되기보다는 기분장애를 진단하기 위한 자료를 제공하고자 하는 데 목적이 있다. 구체적으로, '주요 우울증 삽화'는 적어도 2주 동안 우울한 기분이 계속되는 것을 말하며, '조중 삽화'는 비정상적으로 사기가 충천되어 있고 과장되고 과민한 기분이 적어도 1주일 이상 지속되는 것으로 정의된다. 또한 '혼재성 삽화'는 적어도 1주일 동안 거의 매일 조중 삽화와 주요 우울증 삽화(기간은 제외)의 진단기준 모두가 충족되는 경우를 말하며, 마지막으로 '경조중 삽화'는 적어도 4일 동안 의기양양해 있거나 과대하거나 과민한 기분이 지속되는 경우를 말한다.

두 번째 범주는 기분장애를 '주요 우울장애^{major depressive disorder}' '양극성 장애^{bipolar disorder}' '기타 기분장애^{dysthymic disorder}'로 기술하고 있는데, 이는 하나의 장애로서 진단하고자 하는 것이다. 이를 기준으로 주요 우울장애가 한 번 이상 나타나면 '주요 우울장애: 재발성'이라고 하며, 주요 우울증 단일 삽화만 나타날 경우 '주요 우울장애: 단일 삽화'로 표현한다.

구체적으로 '주요 우울장애'[2]는 조중 삽화, 혼재성 삽화 또는 경조중 삽화의 과거력이 없는 상태에서 단 한 번 이상의 주요 우울증 삽화만을 특징으로 보인

---

1) 2013년 5월 DSM-5로 개정되었으나 여전히 논란이 있음. 따라서 DSM-IV를 기준으로 설명하며 변화된 내용은 부분적으로 추가하였음.
2) DSM-5의 기준도 DSM-IV 기준과 동일함. 그러나 최소 2주 동안 지속된다는 기준은 요구되지 않음.

다. 주요 우울장애의 평균 발병 연령은 20대이지만 어떤 연령에서도 발생할 수 있으며, 자살로 연결될 확률이 높다는 점에서 심각한 사회문제로 대두되고 있다.

한편 '기분부전 장애'는 주요 우울장애보다 심하지 않으며 증상이 만성적이고 조증 삽화가 없다는 특징을 보인다. 이 장애는 적어도 2년 동안 우울한 기분이 없는 날보다 있는 날이 더 많고 하루 대부분 지속되는 만성적인 우울한 느낌이 있는 상태를 말한다. 아동·청소년의 경우는 단지 우울함을 보일 뿐만 아니라 기분이 과민해지고 쉽게 화를 내며 까다로움을 보이는 가면우울을 보이기도 한다. 이러한 기분장애가 있는 사람은, 자존감이 낮고 사회 기술이 부족하며 세상을 비관하는 모습을 보이기도 한다.

반면 '양극성 장애 I bipolar I disorder'는 조증과 우울증이 교대로 나타나거나 혹은 조증이 반복적으로 나타나는 경우를 말한다. 이들은 어느 날은 매우 우울하고 반대로 어느 날은 자신의 이야기만 되풀이하여 막 하거나 감정표현을 노골적으로 하여 타인과의 관계에서 문제가 되기도 한다. 사사건건 화를 내기도 하고 맥없이 돌아다니기도 하는 등 대조적인 모습을 반복적으로 보인다.

비슷한 증상으로 '양극성 장애 II bipolar II disorder'는 우울증과 경조증, 즉 심하지 않은 조증이 교대로 나타나는 것을 말한다. 이들에게 가장 심각한 위험 요인은 자살이며, 이는 남자보다 여자에게서 더 많이 나타난다. 기타 기분장애로는 물질에 의한 약물남용, 투약 등에 의해 기분장애가 발병하기도 한다.

마지막 범주는 가장 최근의 기분 삽화, 그리고 재발성반복성 삽화와 같이 경과 양상을 기술하는 진단을 나타내고 있다. 예를 들어, '양극성 장애: 가장 최근의 조증 삽화'처럼 두 번째 범주의 진단을 내리고 구체적으로 표현하기 위해 사용된다(〈표 3-1〉 참조).

〈표 3-1〉 DSM-Ⅳ에 의한 기분장애의 범주

범 주	구 분
첫 번째 범주: 기분삽화	• 주요 우울증 삽화 • 조증 삽화 • 혼재성 삽화 • 경조증 삽화
두 번째 범주: 기분장애*	• 우울장애 　– 주요 우울장애 　– 기분부전장애 　– 달리 분류되지 않는 우울장애 • 양극성 장애 　– 양극성 장애 Ⅰ 　– 양극성 장애 Ⅱ 　– 순환성 장애 　– 달리 분류되지 않는 양극성 장애 • 기타 기분장애 　– 일반적인 의학적 상태로 인한 기분장애 　– 물질로 유발된 기분장애 　– 달리 분류되지 않는 기분장애
세 번째 범주	• 가장 최근의 기분 삽화에 대한 세부 진단 • 재발성 기분 삽화에 대한 세부 진단

* 하나의 독립적인 장애로 진단됨.

2) 불안장애

불안 역시 심리치료에서 많이 다루고 있는 정서적인 문제 중 하나이며, 프로이트 이후로 많은 심리학자에 의해 불안이 정의되어 왔다. 불안을 의미하는 'anxiety'는 라틴어 'anxietas'에서 유래된 것으로 이는 '조이다squeeze' 혹은 '짐으로 누르다weight down with burdens'라는 의미를 가지고 있다. 이처럼 불안은 신체적 압박감, 대상 없이 나타나는 심리적 두려움, 미래에 대한 부정적 생각 등으로 정의할 수 있다(박영남, 2003). 즉, 불안이란 지나치게 걱정을 하거나 문제에 집착하는 것 혹은 완벽함만을 추구하는 강박성향 같은 경직된 사고로 타인을 수용하지 못하는 것이라고 할 수 있다. 이러한 불안은 신체적으로도 교감신경을 자극하여 통증 등의 신체화 증상을 야기하기도 한다.

불안은 프로이트(1939)에 의해 처음으로 심리적인 접근이 이루어졌는데, 프로이트는 불안을 성적 흥분을 자제하거나 금욕함으로써 발생하는 성적 에너지 혹은 리비도의 축적 결과로 나타나는 것으로 성적 에너지를 적절하게 배출하지 못하는 상태가 불안으로 형성된다고 하였다. 한편, 알프레트 아들러Alfred Adler(1956)는 프로이트의 불안과 달리 인간의 삶이 생물학적인 열등감과 불안의 상징에서 시작된다고 하여 불안이 성격형성에 미치는 영향에 관심을 가졌다. 이처럼 불안은 우울보다 복잡하며 개인마다 경험되는 정도도 다르다. 1950년대 이전에는 불안을 정신신경증 혹은 노이로제라 불렀으며, 불안장애라는 용어는 매우 최근에 사용되기 시작하였다(원호택, 1999).

DSM-IV에서는 불안장애를 특정한 대상, 행동 또는 상황에 처했을 때 극심한 두려움을 느끼는 것으로 정의하고 여러 가지 범주로 구분하고 있다(〈표 3-2〉 참조). 예를 들면, 공황장애는 현대인에게 점점 늘어나고 있는 것으로 사람들에게 극도의 불안과 신체적인 증상을 느끼게 한다. 최근에는 자신이나 타인의 실제적이거나 위협적인 죽음 혹은 자연재해 같은 심각한 상해, 신체적 안녕에 위협을 가져다 주는 사건들을 경험하거나 목격 혹은 직면하였을 때 개인에게 공포, 무력감, 고통을 수반하는 외상후 스트레스 장애Post Traumatic Stress Disorder: PTSD도 심각한 사회적인 문제로 대두되고 있다.

〈표 3-2〉 DSM-IV에 의한 불안의 종류[3]와 증상

범 주	증 상
공황발작 panic attack	예기치 못한 비정기적인 극심한 두려움이나 불편감으로 몸이 떨리거나 전율이 일어나고 가슴이 뛰고 죽음에 대한 두려움 등 신체적·인지적 증상이 갑자기 일어남. 5~20분간 지속되며, 1시간 이상 지속되지는 않음.
공황장애 panic disorder	예상치 못한 공황발작이 반복적으로 일어나고 그런 경험 이후 최소한 1개월 이상 또 다른 공황발작이 일어날까 봐 지속적으로 염려하고 근심하고 발작과 관련된 행동변화를 보임. 광장공포증이 없는 공황장애/광장공포증이 있는 공황장애로 구분됨.
광장공포증 agoraphobia	즉시 피하기 어렵거나 곤란한 장소, 그러한 상황에 처해 있다는 것에 대한 불안, 공황발작이나 공황과 유사한 증상(예, 갑작스러운 현기증 등)이 일어났을 때 도움을 받기 어려운 장소나 상황에 처해 있다는 것에 대한 불안과 회피 반응. 대중교통을 이용할 때, 집에서 멀리 떨어졌을 때, 사람들이 많이 모이는 장소 등에서 심한 공포를 느낌.
특정 공포증 specific phobia	특정한 대상이나 사람에 대해 지속적으로 불안을 느낌. 동물, 자연환경, 혈액, 주사 등에 대해 공포감을 느낌.
사회공포증 social phobia	특정한 사회적 상황이나 활동에 노출될 때 심하게 불안을 느낌. 10대 중반에 발병하고 심한 긴장이나 치욕스러운 경험에 의해 갑자기 발생할 수 있음.
강박성 장애 obsessive- compulsive disorder	본인의 의지와 상관없이 사고, 충동, 행동 등이 반복적으로 일어나는 것 의식적으로 제지하려고 하지만 통제되지 않음. 강박적 행동/강박적 사고가 있음.
외상후 스트레스 장애 PTSD	충격적인 사건을 경험한 후 그 후유증으로 충격 사건을 재경험하는 것. 불안 및 각성 수준이 크게 증가되고 반복적인 악몽, 과도한 경계, 지나치게 과민반응, 폭발적으로 화를 냄. 집중력 부족, 수면장애 등의 증상을 보임.
급성 스트레스 장애 acute stress disorder	외상후 스트레스 장애와 유사한 증상을 보이나 외상후 스트레스에 노출된 후 1개월 이내에 불안, 해리성 증상, 기타 증상이 나타남. 2일 이상 지속되며 외상이 종결된 후 4주 이내 사라짐.
일반 불안장애 generalized anxiety disorder	최소한 6개월 이상 지속되는 불안이나 근심 걱정. 주로 아동기·청소년기에 발병하며 만성적임.

---

3) DSM-5에서는 불안장애의 범주로 분리불안장애(separation anxieey disorder), 선택적함묵증(selective mutism), 특정공포증(specific phobia), 사회불안장애(social anxiety disorder), 공황장애(panic disorder), 광장공포증(agoraphobia), 일반불안장애(generalized anxiety disorder) 등으로 구분한다.

2. 인 지

인지란 인간의 지각, 기억, 판단, 추리 등의 지적이며 정신적인 작용 능력을 의미한다(이정모 외, 2003). 따라서 인지 문제란 자신에 대한 지각, 기억, 판단, 추리 등과 관련되어 기능이 저하되거나 문제가 발생하는 경우를 말한다. 현대 사회는 사회적 가치 기준의 획일화, 자본 중심의 사고, 도덕성의 상실, 경쟁 심리의 부축임 등에 의해 인간 스스로 무력감과 소외감을 느끼게 되고, 이에 따라 스스로 자신의 정체성에 혼란을 느끼며 점점 자신에 대한 자각, 즉 정체성을 잃어 가고 있다.

정체성Self identity이란 자아 동일성 혹은 자아 주체성이라고 말할 수 있으며, 자신에 대해 비교적 안정된 느낌을 갖는 것으로 정의할 수 있다. 또한 이와 관련된 행동이나 사고도 포함된다. 비슷한 의미로 자아개념Self concept이 여러 학자에 의해 정의되어 왔다. 이는 인간이 자기라고 믿고 있는 지각적 대상으로서 인간의 행동에 영향을 미치는 것이며 각자 가지고 있는 자신에 대한 지각이고 이 지각에 부합하는 가치와 함께 환경 속에서 중요한 타인과의 관계를 통해 형성되는 조직된 상을 말한다(Rogers, 1951).

심리적으로 건강하지 못한 사람은 자아개념이 약하고, 이에 따라 자아 통합이나 자존감이 낮다. 이처럼 각 개인이 자신에 대해 어떻게 생각하는가에 대한 인지 문제는 심리적인 측면에 영향을 주고 다시 행동에 영향을 미친다. 즉, 자신이 쓸모없고 무가치하다고 생각하는 것은 이와 관련된 부정적인 정서를 경험하게 하고 바로 그러한 사람처럼 행동하게 한다. 다시 말하면, 내면의 부정적인 자기 대화를 시작으로 부정적인 자기 묘사, 부정적인 자기 느낌, 부정적인 행동으로 이어지는 것이다(김유숙 외, 2007).

또한 자존감이 낮은 사람은 어려운 일에 직면하면 쉽게 포기해 버리거나 더이상 노력을 하지 않는다. 즉, 이미 자신은 그러한 일을 할 능력이 없다고 생각하기 때문에 쉽게 좌절하게 되고, 이러한 실패감은 이후 어떤 일을 하든지 반복적으로 또 다른 무력감을 야기하게 한다.

대인관계 면에서도 자존감이 낮은 사람은 상대방에 대해 적대감이나 경계심을 가지게 되며 자신이 평가받는 것을 두려워하여 항상 자신의 의견을 정확하게 이야기하지 못한다. 따라서 이들은 항상 위축되거나 고립되어 소외감을 느끼게 된다. 특히 아동기·청소년기의 낮은 자존감은 학습이나 이후 삶의 태도에도 영향을 미치게 된다. 또한 자아 기능이 약하면 내가 아닌 다른 사람이라고 지각하는 이인증depersonalization을 경험하기도 한다.

자아에 대한 지각뿐만 아니라 인지적인 문제는 기억과 관련된 문제를 야기하기도 한다. DSM-IV에서는 이를 섬망, 치매, 기억상실 장애 그리고 기타 인지장애로 구분하고 있다. 구체적으로 섬망delirium은 급성 뇌증후군(예를 들면, 고열, 수술 후, 물질중독, 알코올 금단 후)과 같이 광범위한 뇌조직의 기능 저하에 의해 단기간에 발생하는 의식장애와 인지 변화를 말한다. 흔히 안절부절못하며 과잉행동이나 행동 저하, 불안, 공포, 우울 등의 문제를 보인다.

치매demantra는 뇌의 질환에 의해 발생하는 것으로, 대개 만성적이고 진행적이며 기억력을 포함한 복합적인 인지 결손, 지적 능력의 손실을 특징으로 한다. 크게 알츠하이머형 치매, 혈관성 치매, 기타 일반적인 의학적 상태에 의한 치매, 물질로 유발된 지속적 치매, 여러 가지 원인에 의한 치매, 달리 분류되지 않는 치매로 구분된다. 이들은 공통적으로 기억력 상실, 인지기능 저하 등의 특징을 보인다. 그리고 기타 가벼운 신경인지 장애 등도 포함될 수 있다.

3. 행 동

심리치료를 찾아오는 클라이언트는 불안, 우울 등의 정서 문제, 그리고 자아상 왜곡 등의 인지 문제 등에 의한 행동 문제를 보이기도 한다. 또한 이러한 심리적 문제를 회피하기 위해 약물이나 게임 등에 강박적으로 빠져드는 경우도 있다. 병적 도박이라 불리는 게임중독은 이미 오래전부터 정서사회적으로 문제가 되어 왔다. 그러나 이 심각성을 인식하게 된 것은 매우 최근의 일이며 1980년대 들어서서야 비로소 정신장애 및 진단편람에도 포함되었다. 병적 도박이란 '지속적으로 반복되는 부적응적인 도박행동'으로 정의되며(APA, 1994) 지나친 집착, 금단증상, 흥분 추구와 내성, 통제 시도의 실패, 정서적 문제, 생활 부적응 등의 문제를 포함하는 충동장애로 분류된다.

이들은 도박이나 게임을 하고자 하는 충동이 일어나면 저항하지 못하고 도박을 하게 되며, 또한 신체적·심리적 긴장을 도박을 통해 해소하고자 하는 현실도피의 경향을 보이기도 한다. 이와 함께 대부분의 도박 및 게임 중독자는 심각한 정서 문제와 합병증을 동반한다. 이들의 75%는 우울을 경험했고, 50% 이상이 우울장애의 삽화를 보였으며, 80% 이상은 자살에 대한 충동을 느꼈다고 보고한다(National Coucil on Problem Gambling, 1997).

최근에는 인터넷이나 스마트폰의 접근 용이성 등에 의해 컴퓨터나 기계장치 등에 과도하게 몰입하거나 중독 상태가 되어 개인의 적응 및 학교와 가정 생활에서도 문제가 되고 있다. 인터넷 중독은 약물, 알코올의 중독과 유사한 심리적 장애라고 할 수 있으며, 청소년기의 이러한 문제가 심각한 수준의 비행이나 범죄에 연결되기도 한다. 특히 청소년기의 인터넷 중독은 자기통제력 상실, 분노 조절의 미숙, 강박성 등 행동적인 문제와 밀접한 관련이 있다(김현수, 2012).

이와 함께, 최근에는 청소년의 스마트폰 중독률이 인터넷 중독률보다 더욱 높아지고 있는 것으로 보고되고 있다(권예빈, 2013). 이 밖에도 행동이 지나치게 느리거나 반복적인 행동을 하기도 하며 남의 명령대로 자동적으로 움직이는 '자동행동' 혹은 반대로 다른 사람의 요구에 무조건 반항하거나 반대로 하는 '거부행동'을 보이기도 한다.

이러한 행동과 관련된 문제는 특히 아동기·청소년기에 많이 보이는데, 아동기·청소년기에 처음 진단되는 행동적 문제로 DSM-IV에서는 주의력 결핍 과잉행동장애, 틱장애 그리고 충동조절장애 등을 들 수 있다.

먼저 주의력결핍 과잉행동장애Attention Deficit and Hyperactivity Disorder: ADHD는 부주의와 과잉행동이 단독 혹은 함께 나타나는 것으로 7세 이전에 시작하며 학령기 아동의 3~5%가 ADHD로 진단된다. 즉, 지속적으로 집중하지 못하고 싫증을 잘 내며 외부 자극에 의해 쉽게 산만해지고 일상적인 활동을 잘 잊어버리는 '부주의형', 몸을 가만히 두지 못하고 부적절하게 뛰어다니며 끊임없이 활동하거나 모터로 움직이는 것처럼 행동하는 '과잉행동형'으로 구분한다. 또한 이 두 가지 모두를 함께 보이기도 한다. 이러한 행동적인 문제는 초기 청소년기를 지나면서 비교적 안정적인 모습을 보이기도 한다.

행동적인 문제로 나타나는 또 하나의 증상으로 틱장애tic disorder 4)가 있다. 틱은 갑작스럽고 빠른, 반복적·비율동적·상동적인 운동이나 음성을 나타내는 것이다. 틱장애에는 운동 또는 음성 틱장애, 일과성 틱장애, 달리 분류되지 않는 틱장애로 구분된다. 단순 운동 틱은 눈을 깜빡거리기, 목을 경련하듯이 갑자기 움직이기, 어깨 움츠리기, 얼굴 찡그리기, 기침하기 등이 포함된다. 반면 단순 음성 틱은 헛기침하기, 꿀꿀거리기, 킁킁거리기, 콧바람 불기, 짖기 등을 포함한다. 또한 복합 운동 틱은 얼굴표정 짓기, 손짓하기, 뛰어오르기, 만지기, 발 구르기, 냄새 맡기 등의 행동을 하며, 복합 음성 틱은 관계없는 단어나 구절을 반복하기, 사회적으로 용납되지 않는 저속한 단어를 사용하기, 자신만의 소리나 단어를 반복하기 등을 나타낸다. 한편 여러 가지 운동 틱과 한 가지 이상의 음성 틱이 1년 이상 지속될 경우 뚜렛장애라고 한다.

이런 행동적인 문제는 또한 충동성과 관련이 많은데, 충동조절장애impulse-control disorder 5)는 자신 혹은 타인에게 해가 될 수 있는 행동에 대한 충동이나 욕망, 유혹을 이겨 내지 못하고 어떤 행동을 취하는 것을 말한다. 순간적으로 심

---

4) DSM-5에서 틱장애는 운동장애(Motor Disorders)에 포함됨.
5) DSM-5에서는 파괴적 충동조절 행동장애(Distruptive, Impulse-Control and Conduct Disorders)로 명명함.

각한 폭력 행위나 기물을 파괴하는 행동을 보이는 간헐적 폭발성 장애intermittent explosive disorder, 도박 행동을 계속 하는 병적 도박pathological gambling 등이 있다.

4. 관 계

관계 문제는 주로 타인과의 상호작용에 문제가 있는 경우를 의미한다. 타인과의 상호작용, 즉 대인관계는 일반적으로 두 사람 간의 관계를 말한다(Heider, 1964). 대인관계는 개인이 타인에 대해 어떻게 지각하고 어떻게 생각하고 어떻게 느끼고 있으며, 타인에 대해 어떻게 행동하며 타인의 행동에 대해 어떻게 반응하는가와 관련된 모든 것을 의미한다고 할 수 있다. 인간의 모든 생활 그 자체가 대인관계라고 할 수 있기 때문에 한 조직 내에서 타인과의 관계 정도는 심리적 건강의 지표로서 중요한 의미를 가진다(심남수, 2011).

대인관계 문제는 심리적인 적응 문제로 심리치료를 찾아오는 많은 사람이 호소하는 핵심 문제 중 하나다. 표면적으로는 우울이나 불안 등의 정서 문제 역시 타인과 적절한 관계 맺기의 실패에서 나타나는 반응일 수 있다. 대인관계 측면에서 심리적으로 건강하지 못한 사람은 타인에게 지나치게 애착을 보이거나 혹은 타인의 감정을 보살피지 못하는 문제를 보이기도 한다. 이러한 마음이 서로 균형을 이루지 못함으로써 항상 자신이 피해를 본다는 생각을 하게 되며 내면의 갈등을 경험하게 된다.

또한 지나치게 완벽주의적인 성향으로 끊임없이 타인을 통제하려는 모습을 보이기도 한다. 이러한 문제에 의해 타인과의 친밀감이나 신뢰감을 형성하지 못하고, 의사소통의 단절로 고립감을 경험하며, 더 나아가 점점 더 관계를 회피하게 되어 사회적으로 철퇴되는 모습을 보이기도 한다.

이러한 관계에서 적응과 관련된 문제는 성격장애로 설명될 수 있는데 DSM-IV에서 정의하는 성격장애의 모습은 다음과 같다(〈표 3-3〉 참조).

〈표 3-3〉 DSM-Ⅳ에 의한 관계에 문제를 보이는 성격장애 범주 및 증상

범주	증상	DSM-5
편집성 성격장애 paranoid personality disorder	항상 남을 경계하고 의심하고 두려워함. 긴장하며 자기중심적이고 방어하고 논쟁하기를 좋아함.	Cluster A personality Disorders
정신분열성 성격장애 schizoid personality disorder	사회적으로 고립되고 다른 사람과 친하고자 하는 욕구가 없고 친밀한 관계를 이룰 수 있는 기회조차 관심이 없으며 타인에게 무관심함.	
반사회적 성격장애 anitsocial personality disorder	타인의 권리를 무시하거나 침해하고 만성적으로 반복되는 경향이 있음.	Cluster B personality Disorders
경계선급 성격장애 borderline personality disorder	대인관계, 행동, 기분 및 자기 자신에 대한 이미지가 극에서 극으로 변하여 행동에 일관성이 없고 자제력이 부족함.	
연기성 성격장애 histrionic personality disorder	지나치게 감정적으로 타인의 관심을 끌려고 하며 지나칠 정도로 정서표현이 많고 남에게 의존적임.	
자애성 성격장애 narcissistic personality disorder	자신에 대한 과대평가, 칭찬에 대한 욕구, 공감 능력이 결여되어 있으며 칭찬과 인정을 받고 싶어 하는 욕구는 강하지만 타인에 대해서는 별로 관심이 없음.	
회피성 성격장애 avoidant personality disorder	타인의 비난이나 꾸중 또는 거절에 대한 두려움 때문에 대인관계를 기피하고 항상 타인의 눈치를 살피고 자긍심이 낮음.	Cluster C personality Disorders
의존성 성격장애 dependent personality disorder	보호받고 싶어 하는 욕구가 지나치게 강하고 복종적이며 순종적이고 사소한 일도 자신이 결정하지 못하고 타인에게 의존적임.	
강박성 성격장애 obsessive-compulsive personality disorder	지나치게 정확하고 세밀하고 질서가 있고 규칙적인 것을 추구하며 고지식하고 융통성이 없어 보임.	

♪ 1부 참고문헌

김유숙, 박승호, 김충희, 김혜련(2007). 자기실현과 정신건강. 서울: 학지사.

김현수(2012). 청소년의 인터넷 중독과 해결방안에 관한 고찰. 한국중독범죄학회보, 2(1), 73-86.

김혜련, 신혜섭(2001). 정신건강론. 서울: 학지사.

대한신경정신의학회(2005). 신경정신의학(2nd ed.). 서울: 중앙문화사.

미국정신분석학회(2002). 정신분석용어사전. 서울대상관계정신분석연구소.

민성길(1993). 최신정신의학. 서울: 일조각.

박영남(2003). 우울장애와 불안장애의 공유특성. 생물치료정신의학, 9, 118-128.

심남수(2011). 노인의 여가활동이 정신건강에 미치는 영향: 대인관계와 사회적지지 매개 효과를 중심으로. 한영신학대학교 대학원 박사학위 논문.

심상영(2001). 한국교회의 영적 성장을 위한 융의 분석심리학. 서울: 쿰란출판사.

오평자(2008). 정신질환자의 정신건강 요인에 관한 연구: GAF 척도를 중심으로. 원광대학교 대학원 박사학위논문.

원호택(1999). 이상심리학. 서울: 법문사.

이무석(2003). 정신분석에로의 초대. 서울: 이유.

이부영(1998). 분석심리학. 서울: 일조각.

이부영(1999). 그림자: 우리 마음속의 어두운 반려자. 서울: 한길사.

이부영(2002). 자기와 자기실현. 서울: 한길사.

이유경(2008). 원형과 신화. 서울: 분석심리학연구소.

이정모, 강은주, 김민식, 감기택, 김정오, 박태진, 김성일, 신현정, 이광오, 김영진, 이재호, 도경수, 이영애, 박주용, 곽호완, 박창호, 이재식(2003). 인지심리학. 서울: 학지사.

천예빈(2013). 청소년 스마트폰 중독과 예방에 관한 연구. 인터넷비즈니스 연구, 14(1), 125-139.

한재희(1996). 상담패러다임의 이론과 실제. 서울: 교육아카데미.

Adler, A. (1956). *The individual Psychology of Alfred Adler*. trans H. L. Ansbacher & R.

Ansbacher, New York: Basic Books Inc.

American Psychiatric Association. (1994). *Diagnostic and Statistical Manual of Mental Disorder*. (4th ed). Washington, DC: U. S. APA.

Ansbacher, H. L., & Ansbadher, R. (Eds.) (1964). *The individual psychology of Alfred Adler*. New York: Harper Torchbooks.

Bandura, A.(1977). *Social learning theory*. Fnglewood Cliffs, NF: Prentice-Hall.

Bech, A. T., Rush, A. J., Shaw, B. F., & Emery, G. (1979). *Cognitive therapy of depression*. New York: Guilford Press.

Bech, A. T. (1976). *Cognitive Therapy and Emotional Disorders*. New York: International Universities Press.

Bibring, E. (1954). Psychoanalysis and the dynamic psychotherapies. Journal of the American Psychoanalytic Association, 2, 745-770.

Birkh?ser-Oeri, S. (2007). 민담의 모성상 (이유경 역). 서울: 분석심리학연구소. (원저는 2003년 출판)

Blanck, G., & Blanck, R. (1974). *Ego Psychology*. New York: Columbia University. Press.

Bruscia, K, E. (1998). *The Dynamics of Music Psychotherapy*. Gilsum, NH: Barcelona Publishers

Collins, G. R. (2007). *Christian Counseling*(3rd ed.). Nashville: Thomas Nelson.

Corey, G. (2003). 심리상담과 치료의 이론과 실제 (조현춘, 조현재 공역). 서울: 시그마프레스.

Corey, G. (2012). *Theory and Practice of Counseling and Psychotherapy*. Fullerton, CA: Brooks/Cole publishing Co.

Corsini, R. J., & Wedding, D. (2000). *Current Psychotherapies*. F, E, Publishesrs.

Damasio, A. R. (1996). *Descartes' error. Emotion, Reason and the Human Brain*. Great Britain: Papermac.

Ellis, A., & Dryden, W. (1997). *The practice of rational-emotive behavior therapy*. New York: Springer Publishing Company.

Erikson, E. (1968). *Identity, youth and crisis*. New York: Noron.

Folkman. S., & Moskowitz, J. T. (2000). Positive affect and the other side of coping.

American Psychologist, 55(6), 647-654.

Fredrickson, B. L. (1998). What good are positive emotion?. *Review of General Psychology, 2*(3), 300-319.

Freud, A. (1936). *The Ego and the Mechanisms of Defense.* New York: Int. University. Press.

Freud, S. (1939). *Inhibition, Symptoms and Anxiety.* In the Major Works of Sigmund Freud, Chicago: Encyclopedia Britannica Inc(pp. 807- 884).

Hadley, S. (2003). *Psychodynamic Music Therapy: Case Studies.* Gilsum, NH: Barcelona Publishers.

Hall, C. S., & Nordby, V. J. (1996). 분석심리학 입문 (최현 역). 서울: 범우사. (원저는 1973년 출판)

Hartmann, H. (1951). *Technical implications of ego psychology.* PQ, 20: 31- 43.

Heaton, J. A.(1998). *Building Basic Therapeutic Skills: A Practical Guide For Current Mental Health Practice.* New York: John Wiley & Sons.

Heider. F. (1964). *The Psychology of interpersonal relations.* New York: John Wiley & Sons, Inc.

Hill, C. E. & O'Brien, K. M. (1999). *Helping Skills: Facilitating Exploration, Insight and Action.* the American Psychological Association.

Jung, C. G. (2001). 정신요법의 기본문제 (한국융연구원 C. G. 융 저작 번역위원회 역). 서울: 솔. (원저는 1970년 출판)

Jung, C. G. (2007). 인간과 상징 (이윤기 역). 서울: 열린책들. (원저는 1979년 출판)

Jung, C. G. (2007). 기억, 꿈, 사상 (조성기 역). 서울: 김영사. (원저는 1963년 출판)

Jacobi, J. (1974). 콤플렉스, 원형, 상징 (유기룡, 양선규 공역). 대구: 경북대학교 출판부. (원저는 1986년 출판)

Kernberg, O. F. (1986). *Severe Personality Disorders.* New Haven: Yale University. Press.

Kleinginna, P. R., & Kleinginna, A. M. (1981). A categorized list of motivation definition with a suggestion for a consensual definition. *Motivation and Emotion, 5*(4), 345-379.

Kohut, H. (1978). *The Search for the Self* (ed.). P. Ornstein. New York: Int. University

Press.

Kris, E. (1951). *Ego psychology and interpretation in psychoanalytic therapy.* PQ, 20: 15–30.

Laplanche, J., & Bertrand Pontalis, J. (2005). 정신분석사전 (임진수 역). 파주: 열린책들. (원저는 1967년 출판)

Loewenstein, R. M., Newman, L. M., Schur, M., & Solnit, A. J. (Eds.) (1966). *Psychoanalysis? A General Psychology.* New York: Int. University Press.

Manaster, G. J., & Corsini, R. J. (1982). *Individual psychology.* Itasca, IL: F. E. Peacock.

Maslow, A. H. (1968). *Toward a psycholohy of being* (2nd ed.). Prinseton, NJ: Van Nostrand.

National Council on Problem Gambling (1997). *Problem and pathological gambling in America the national picture.* Report prepared by the research and public policy commitees of the national council on problem gambling.

Rainer, J. D. (1984). Genetic factors in depression and suicide. *American Journal of Psychotherapy, 38*(3), 329-341.

Raimy, U. C. (1945). Self-reference in counseling interviews. *Journal of Consulting Psychology, 12*(3), 153-163

Rogers, C. R. (1951). *Client-centered therapy: Its current practice, implication and theory.* Boston: Houghton mifflin.

Seligman, M. E. P. (2000). Positive Psychology. *Laws of Life Symposia Series, 2,* 415–430.

Skinner, B. E. (1953). *Science and human behavior.* New York: Macmillan.

Watson. D., & Pennebaker, J. W. (1989). Health Complaints, Stress and Distress: Exploring the Central Role of Negative Affectivity. *Psychological Review, 96*(2), 234-354.

Wallerstein, R. (1975). *Psychotherapy and Psychoanalysis.* New York: Int. University. Press.

WHO. (1948). *definition of Health.* Geneba, CH: World Health Organization.

World Health Orgarnization. (1998). Magna Carta for Health of WHO.

MUSIC THERAPY

음악심리치료

음악심리치료의 기본 개요, 방법 등을 알아보고 정신건강 문제를 해결하기 위한
심리치료 방법을 다양한 측면에서 소개한다.

제4장 Music Therapy

음악심리치료의 개요

주부 K씨는 어느 날 갑자기 우울한 기분으로 견딜 수가 없었다. 자신이 초라하다고 느껴지고 아무 일에도 의욕을 느낄 수 없었다. 또한 두통과 불면증에도 시달리게 되었다. 이 때문에 자녀를 돌보는 것도, 자신의 가정을 돌보는 일에도 소홀해질 수밖에 없었다. K씨는 평상시 음악을 좋아하며 가끔 음악을 들으면 기분이 좋아졌던 경험이 있었다. 이런 이유로 K씨는 음악심리치료를 받게 되었다. K씨는 음악심리치료를 받으면서 그동안 알지 못했던 자신의 과거 속의 일을 재경험하고 해결하면서 신체적인 문제까지도 해결할 수 있었다.

1. 정 의

음악심리치료는 심리치료에 음악을 도구로 사용하는 것이다. 이때 중요한 것은 음악 그 자체보다는 음악적 경험, 즉 노래 부르기, 악기연주, 작곡, 즉흥연주 등의 경험이며, 이를 통해 인간의 심리적 문제에 접근하고 해결하고자 하는 전문적인 치료 영역이 음악심리치료다. 다시 말하면, 음악심리치료는 치료사와 클라이언트가 함께하는 음악적 경험을 통해 내면의 문제에 접근하고 해결하고자 하는 전문적인 치료 영역이라고 할 수 있다.

음악심리치료와 심리치료의 공통점을 찾아보면, 모두 클라이언트의 심리적인 문제를 다룬다는 점이다. 앞서 언급한 것처럼 심리적인 문제는 분노, 우울, 불안 등의 정서 문제, 자신을 인식하지 못하고 정체성의 혼란을 경험하는 인지 문제, 강박이나 중독 등의 행동 문제, 그리고 타인과의 갈등으로 상호작용에 어려움을 보이는 관계 문제 등으로 구분될 수 있다.

한편 심리치료와의 차이점은 음악심리치료는 치료사뿐만 아니라 음악이 중요한 요인으로 작용하며 서로 관련성이 많다([그림 4-1] 참조). 먼저 음악치료사와 음악과의 관련성을 살펴보면, 음악치료사는 음악 기술, 임상 기술, 음악치료 기술을 교육받고 훈련받은 전문가로서 클라이언트의 필요와 수준에 맞게 음악적 경험을 제공한다. 즉, 치료사는 클라이언트의 문제를 직접 해결할 수 있도록 음악을 '치료로서Music as therapy' 사용하기도 하고, 혹은 음악을 '치료에서Music in therapy' 사용하기도 한다. 예를 들어, 음악을 들으며 심상을 유도하여 클라이언트 내면의 문제를 바라보게 하는 것처럼 음악을 직접 치료로서 사용하기도 하고, 혹은 수술 전·후의 불안을 감소시키기 위해 감상을 하는 것처럼 음악을 치료에서 사용하기도 한다.

이때 치료사와 클라이언트는 서로 도움을 주고받는 관계가 된다. 음악치료에서 클라이언트와 치료사의 관계는 종종 어머니와 아이의 관계로 비유된다(Pavlicevic, 2001). 즉, 어머니가 아이의 반응에 깨어 있어 필요한 것을 알아채는 것처럼, 음악치료사는 클라이언트의 반응에 민감하게 깨어 있어 심리적으로 복잡한 내용과 본질을 인식할 수 있어야 한다. 이를 통해 클라이언트는 동기부여 되고, 치료사와 음악을 통해 어머니에게서처럼 정서적으로 지지를 받게 되며 자신의 잠재력을 향상시키고 발전시킬 수 있게 된다. 그러나 이 말은 치료사가 클라이언트를 위해 모든 것을 다 해 준다는 의미는 아니다. 특별히 음악치료사와 클라이언트가 서로 적극적으로 음악활동에 관여할 때 정서적인 친밀감과 역동적인 상호 관계를 발달시킬 수 있다.

역동적이라는 말은 힘과 관련되며, 이는 동작에서의 활동성, 형성 또는 성장, 변화의 패턴, 변화를 추구하는 힘을 말한다(Pavlicevic, 1990). 이러한 역동적인 상호 협력관계는 치료사로 하여금 클라이언트의 상황을 정확하게 지각하고 공감하여 긍정적으로 반응할 수 있도록 도와주며 클라이언트가 치료사에게 적극적으로 협력하여 치료에 참석하게 할 수 있도록 한다.

마지막으로 클라이언트와 음악과의 관련성을 살펴보면, 클라이언트는 음악심리치료에서 음악적 경험을 하는데, 이는 물리적인 음악 이상의 음악적 경험을 의미한다. 즉, 클라이언트는 치료 과정에서 음악을 감상하거나 적극적으로 악기를 연주하면서 자신의 삶에 의미 있는 독특한 경험을 하게 된다. 이러한 음악적 경험은 행동이나 생리적 변화처럼 객관적으로 경험되기도 하고, 또한 자신의 개인적 자아를 성찰하며 성장하는 주관적이며 초개인적으로 경험되기도 한다(Bruscia, 1998/2003).

이처럼 치료 과정에서 클라이언트는 즉흥연주나 음악 만들기를 통해 교류하면서 집중하고 정서를 인식하고 표현하면서 음악적 · 비음악적 변화를 발생시킨다. 또한 음악의 요소, 즉 리듬, 멜로디, 화성 같은 요소가 시간의 변화에 따라 발생하는 언어적 · 비언어적 상호작용을 통해 치료사와 클라이언트는 삶의 질을 최적화시키는 관계로 발달시킬 수 있다(Amir, 1996; Ansdell, 1995).

지금까지 살펴본 것처럼, 음악심리치료는 음악, 치료사, 클라이언트 관계를 통해 단지 클라이언트의 기능적인 능력을 강화하거나 기술을 습득하기보다는 스스로 자신의 문제를 인식하고 이를 해결할 수 있도록 내면을 강화하는 것을 목적으로 한다. 치료사와의 관계에서 주로 다루어지고 있는 문제는 개인의 요구와 필요에 따라 다양한데, 자기인식, 내면의 갈등 해결, 정서 이완, 자기표현의 증가, 대인관계 문제해결, 건강한 관계 발달, 정서적 외상 치료, 통찰력 증가, 현실 인식, 인지적 재구성, 행동 변화, 삶에서 의미와 성취, 영적 성장 등을

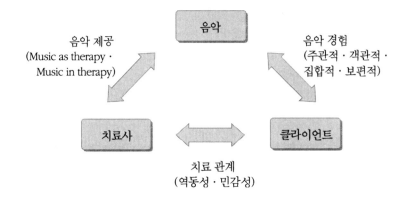

[그림 4-1] 음악, 치료사, 클라이언트의 관계

다룬다(Bruscia, 1998/2003). 즉, 전체적으로 건강한 인간으로 성장하도록 돕는
것이다.

2. 수 준

음악심리치료는 언어적 경험을 통해 치료에 접근하는 심리치료와 달리 음악
적 경험을 통해 심리적인 문제에 접근하고 해결한다. 즉, 클라이언트는 음악적
경험을 통해 자신이 말로 표현할 수 없는 심리적 문제나 감정을 악기나 노래로
표현하기도 하며 때로는 음악적으로 표현하면서 자신의 문제를 깨닫기도 한다.
그리고 이것이 변화를 위한 시작이 되기도 한다.

음악심리치료에서 제공되는 음악적 경험은 치료의 대상과 목적, 치료사의
철학과 기법에 따라 다양하게 적용될 수 있는데, 이미 언급한 것처럼, 음악 자
체가 직접적인 치료에서 중요한 변화 요인이 되는 '치료로서의 음악music as
therapy', 혹은 음악이 치료적인 도구로 사용되는 '치료에서의 음악music in therapy'
으로 제공된다.

음악치료에서 음악적 교류가 중요하기도 하지만, 또한 클라이언트와 치료사의 언어적 교류 역시 중요하다. 일반적으로 음악심리치료에서는 다음의 경우에 언어적 교류를 한다(Nolan, 2005).

첫째, 지난 음악치료 세션 이후에 무슨 일이 있었는지, 혹은 그날 기분이 어떠하였는지에 대해 토의할 경우다. 치료사는 클라이언트가 자신에게 있었던 일을 편안하고 안정된 분위기에서 말할 수 있도록 유도함으로써 자신의 문제를 객관적으로 바라볼 수 있도록 도와준다.

둘째, 치료사는 음악치료 세션에서 클라이언트와 어떤 주제를 다룰지에 대해 초점을 맞추는 경우에도 대화를 한다. 언어적으로 주제를 찾는 것이 어려울 경우에는 물론 음악을 통해 주제를 찾을 수도 있지만, 자신의 문제를 바라볼 수 있는 클라이언트의 경우에는 그 문제에 대해 스스로 말하게 함으로써 문제를 인식할 수 있도록 도와준다.

셋째, 치료사는 음악치료 세션에서 음악적으로 경험한 것에 대한 반응을 이해하기 위해 대화를 한다. 또한 클라이언트가 경험한 것을 말하게 함으로써 치료적 관계를 향상시키고 다시 음악적 경험으로 빠져들 수 있도록 도와주기 위해서도 대화를 한다. 그리고 클라이언트가 경험한 음악에 대한 피드백을 주거나 마지막으로 세션을 끝낼 때 역시 치료사와 클라이언트는 언어적인 교류를 한다.

일반적으로 사용되는 언어적인 기법은 다음과 같은 것이 있다. 즉, 주의집중attending, 경청listening behavior, 재진술restatement, 개방형 질문open question, 감정의 반영reflection of feeling, 도전challenge, 해석interpretation, 자기 개방self-disclosure, 승인approval과 확신reassurance, 즉시성immediacy, 정보제공information, 직접적 안내direct guidance 등이다(Hill & O'Brien, 1999/2012). 이를 정리하면 〈표 4-1〉과 같다.

〈표 4-1〉 언어적 기법과 내용

기법	내용
주의집중	치료사가 클라이언트와 온전하게 함께하기 위해 마음을 다해 주의를 기울여 듣는 것. 물리적인 주의집중(눈 마주침, 표정, 자세 등)과 심리적인 주의집중(심리적 민감성 등)이 포함됨. 이때 치료사는 클라이언트 개인의 비언어적인 스타일에 초점을 맞추는 것이 필요함.
경청	언어적·비언어적 메시지나 클라이언트의 명확한/불명확한 이야기 속의 메시지를 이해하거나 직관적으로 받아들이는 것. 이때 언어적 메시지에는 클라이언트의 사실이나 사건, 생각, 감정이나 정서 모두를 포함함.
재진술	클라이언트의 이야기 내용이나 의미를 반복하는 것으로, 비슷한 의미이지만 좀 더 짧고 구체적인 단어를 사용함. 클라이언트의 말을 거의 그대로 다시 말하는 '반복'과 내담자가 한 말을 짧게 말해 주는 '요약'을 포함함. 이때 시기적절하게 사용하는 게 중요함.
개방형 질문	클라이언트가 자신의 문제를 다양하게 탐색하게 하기 위해 사용하는 열린 질문법. '예/아니요' 또는 한두 마디의 대답이 아닌, 보다 자유로운 대답을 통해 클라이언트의 생각과 느낌을 명료화할 수 있게 함.
감정의 반영	클라이언트가 느끼는 감정을 치료사가 언어적/비언어적 메시지로 표현해 주는 기법. 그리하여 클라이언트 자신이 느낀 감정을 재검토하게 되면서 보다 내적인 경험으로 들어갈 수 있게 도와주는 것
도전	클라이언트의 이야기에서 나타난 모순, 부정, 방어, 비합리적 신념에 대해 이야기함으로써 클라이언트가 자신의 문제에 직면하도록 도와주는 것
해석	클라이언트가 새로운 방향에서 문제를 볼 수 있도록 행동과 사고, 감정의 새로운 의미와 원인, 설명을 제공하는 것
자기 개방	클라이언트의 통찰을 돕기 위해 치료사 자신의 개인적 경험을 통해 얻게 된 통찰을 함께 공유하는 것
승인과 확신	감정적 지지, 확신, 격려, 강화를 제공하는 것
즉시성	클라이언트와의 관계에서 치료사 자신, 클라이언트 혹은 치료적 관계에 대해 어떻게 느끼고 있는지를 즉각적으로 표현하는 것
정보제공	실행단계에서 클라이언트에게 특정한 자료, 사실, 자원, 의견, 질문에 대한 답 등을 제공하는 것. 이때 클라이언트의 그동안의 노력이나 시도, 방법에 대해 함께 검토하면서 칭찬과 격려를 제공하여 자존감을 높여 주는 것이 중요함.
직접적 안내	클라이언트가 행동할 수 있도록 조언을 하거나 지시 또는 충고를 제안하는 것. 이때 클라이언트와의 동등한 입장에서 상호 협조적인 관계를 유지하는 것이 중요함.

음악심리치료는 음악적 교류와 언어적 교류 모두를 사용하는데, 그 정도에 따라 음악심리치료의 수준을 다음과 같이 구분하고 있다(Bruscia, 1998/2006; [그림 4-2] 참조).

첫째, 주로 심리적인 문제를 탐구하고 해결하기 위해 음악적 경험만을 사용하는 '심리치료로서의 음악music as psychotherapy'이 있다. 즉, 음악을 통해 문제를 진단하고 음악적 변화를 통해 해결해 나가는 것이다. 예를 들어, 클라이언트는 음악치료실을 찾아왔지만 자신의 문제가 무엇인지, 혹은 어떤 이유에서 그런 문제가 발생하였는지에 대해 모르는 경우가 있다. 이는 일종의 방어일 수도 있다. 이때 음악치료사는 클라이언트에게 자신의 기분을 다양한 악기를 통해 표현해 보게 하거나 혹은 현재 떠오르는 노래가 있는지 등을 묻고 감상하는 등 여러 가지 음악적 경험을 탐구함으로써 내재된 클라이언트의 문제를 발견하고 이를 해결하고자 시도한다. 이때 언어적인 교류는 최소화되며, 음악적 교류만으로 세션이 진행된다.

심리치료로서의 음악 가운데 대표적인 접근 방법으로는 창조적 즉흥연주가 있다(제6장 음악심리치료의 방법 참조). 창조적 즉흥연주는 폴 노도프Paul Nordoff와 클라이브 로빈슨Clive Robbins이 개발한 방법이다. 이 방법은 처음에는 장애아동을 대상으로 적용되었지만 최근에는 성인이나 종말기 환자의 심리적인 문제를 위해서도 많이 적용되고 있다(Ansdell, 1995).

둘째, 심리적인 문제를 탐구하기 위해 음악적 경험을 주로 사용하지만 치료 과정에서 클라이언트가 자신의 경험을 이야기하거나 이해를 돕기 위해 언어를 사용하는 '음악 중심의 심리치료music centered psychotherapy'가 있다. 음악치료의 이론과 실습을 설명해 주는 음악 중심이라는 용어는 1980년대 중반에 설립된 '보니재단: 음악중심치료연구소'라는 명칭에서 최초로 등장하였다. 이후 에이건(Aigen, 1998)과 리(Lee, 2001) 등 여러 치료사에 의해 음악 중심이라는 용어 사용에 대한 원칙과 설명이 대두되었지만, 여전히 명확하게 정의되고 있지 않다.

음악 중심 심리치료의 핵심은, 엘리엇(Elliott, 1995)의 말처럼, 클라이언트를 음악적인 상태로 만드는 것이다. 즉, 음악은 단순히 우리가 알고 있는 것이 아니라, 보다 적극적인 음악행동의 의미를 담고 있다. 따라서 음악 중심 심리치료에서 음악적 행동은 우발적인 것이 아니며 의식을 동반한 행동이라고 할 수 있다.

음악 중심의 심리치료의 대표적 접근 방법으로는 GIM^{Guided Imagery and Music}이 있다(제6장 음악심리치료의 방법 참조). GIM은 변형된 의식의 상태에서 프로그램화된 고전음악을 들으며 클라이언트의 무의식을 탐구하는 방법이다. GIM에서는 클라이언트 자신도 모르는 심리적으로 해결되지 않은 문제를 심상을 통해 표면화함으로써 문제를 인식하고 통찰할 수 있도록 도와준다. 이때 클라이언트는 시각 이미지로, 감정 상태로, 혹은 신체 반응으로 내면을 상징적으로 표현한다. 이 방법은 우리나라에서 중년 주부의 우울감을 감소시키거나(송인령, 2008; 오정숙, 2002), 가정폭력 여성을 위해(이난복, 2010) 효과적으로 적용된 사례로 보고되고 있다.

셋째, 음악적 경험을 치료를 위해 사용하지만 언어적인 토의 등이 치료에 많은 영향을 미치는 '심리치료에서 음악^{music in psychotherapy}'이 있다. 다시 말하면, 언어와 음악의 역할이 동등하다고 보는 것이다. 이 방법에서는 치료적 접근, 진행, 해결 모두 음악과 언어가 동등하게 적용되거나 교대로 사용된다. 이때 언어는 치료 과정에서의 음악적 경험에 대한 감정적 통찰, 확인 및 규명을 위해 적용된다.

예를 들어, 가족 간의 갈등으로 고민하는 가족이 자신의 가족의 모습을 악기를 통해 표현하고 경험하게 한 후 어떤 느낌을 받게 되는지 이야기함으로써 가족 내에서 자신의 모습, 가족의 모습에 대한 통찰력을 갖게 되는 경우가 있다. 이 수준에서 치료사는 심리적인 여러 가지 문제를 분석하고 해석할 수 있는 지식이 있어야 한다.

심리치료에서 음악의 대표적 접근 방법은 분석적 음악치료^{Analytical Music Therapy}가 있다(제6장 음악심리치료의 방법 참조). 메리 프리스틀리^{Mary Pristley}가 개발한 이 방법은 소리 표현을 통해 치료사와 함께 무의식을 탐구하는 것이며, 이때 숙련된 치료사의 역할이 매우 중시된다.

마지막으로, 치료적 문제는 언어를 통해 해결되며 음악적 경험을 이와 연계하여 적용하는 '음악을 사용하는 언어적 심리치료verbal psychotherapy with music'가 있다. 이 접근 방법에서는 언어적 심리치료가 주가 되며 음악은 보조적인 역할을 한다. 즉, 언어를 통해 치료적 접근, 진행, 해결을 하며, 음악은 이를 촉진하기 위해 적용된다. 예를 들어, 타인과의 관계에서 항상 소극적이며 자신감이 없는 사람과 치료를 위해서는 먼저 이 클라이언트에게 문제를 말하기 위한 자극이 필요하다. 이때 자신의 문제와 관련된 가사가 있는 음악을 듣게 되면 클라이언트로 하여금 문제에 대한 토의나 상담을 쉽게 이끌어 낼 수 있다.

이 중 '심리치료로서의 음악'과 '음악 중심의 심리치료'는 음악적 변화 그 자체가 심리적인 변화를 가져온다는 의미에서 '변형적 치료transformative therapy'라고 부르며 '심리치료에서의 음악'과 '음악을 사용하는 언어적 심리치료'는 언어

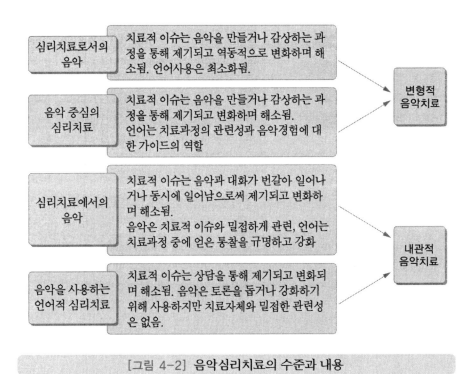

[그림 4-2] 음악심리치료의 수준과 내용

출처: Bruscia, K. E. (1998/2006).

적 중재를 통한 클라이언트의 인식을 지원한다는 의미에서 '내관적 치료^{insight} ^{therapy}'라고 부른다.

3. 음악 요소와 심리적 연결성

음악은 오래전부터 인간의 삶에 깊이 관여하면서 우리의 일상생활과 밀접한 관련을 이루어 왔다(Hughes, 1948; Merriam, 1964). 즉, 인간은 태아 때부터 어머니의 심장박동을 들으면서 리듬을 느껴 왔다. 또한 출생 이후에는 자장가 멜로디를 들으면서 어린 시절부터 음악을 접하고 인식하면서 다양한 정서를 경험하게 되고 자연스럽게 음악과 교감하게 된다. 이러한 과정을 통해 음악은 우리의 사고방식을 형성하며 구체화시키고 자연스럽게 행동이 형성될 수 있도록 도와주며 내면의 상태와도 연결시켜 준다(정현주, 2011). 또한 음악은 인간의 무의식에 접근하는 길이 될 수도 있다(Bonny, 2001; Bush, 1995). 그러므로 음악은 인간 바로 그 자체라고 할 수 있으며, 따라서 음악으로 표현되는 행동을 통해 클라이언트를 이해할 수 있다.

음악이 인간의 심리적인 행동과 연결되는 구체적인 내용은 다음과 같다.

1) 멜로디

멜로디^{melody}는 그리스어 'Melodia'에서 유래된 것으로 '선율' '노래'라는 의미를 포함한다. 또한 멜로디는 방향성과 조성 공간 내에서 이동하는 성격을 가지고 있다(Aldridge & Aldridge, 2009). 따라서 멜로디는 공간에서 움직임을 표현하고 반영할 수 있는데, 이는 신체의 움직임뿐만 아니라 감정의 움직임도 반영한다.

이러한 멜로디는 인간의 감정과 연결되어 있으며, 그래서 인간의 의식을 구성하는 원초아, 자아 및 초자아의 각 부분에 영향을 줄 수 있다. 첫째, 원초아의 부분에서 음악은 인간의 가장 깊은 내면에 숨겨진 정서나 감정을 표현할 수 있는 도구가 된다. 예를 들어, 어린 시절 받은 상처가 내면에 깊이 잠재된 경우 동질성의 원리에 의해 사람은 이와 비슷한 외부의 음악 멜로디에 쉽게 공감하고 그 정서와 쉽게 반응하게 된다. 둘째, 자아의 관점에서 음악은 불안이나 우울을 직접적으로 다스릴 수 있도록 도와준다. 셋째, 초자아의 관점에서 음악은 정신적인 만족감과 승화된 미적인 경험을 느낄 수 있도록 도와준다.

멜로디는 다음과 같은 네 가지의 중요한 의미를 갖는다. 첫째, 멜로디는 제한되고 경직된 감정을 열어 준다open. 멜로디는 우리 마음속에 우울이나 슬픔, 애통함 등을 풀어 주는 역할을 한다. 종종 노래는 우리가 느끼고 있는 감정을 정확하게 말해 주기도 하며, 노래를 통해 감정을 해소하게 한다. 둘째, 멜로디는 힘을 준다empowering. 운동 경기를 시작하기 전이나 집단의 결속을 위해서 동일한 멜로디로 노래를 부르는 것은 역동성과 연결성을 느끼게 한다. 셋째, 멜로디는 기억remembering을 도와준다. 학습 개념이나 수학 공식 등을 노래로 부르면 쉽게 기억할 수 있는 것은 멜로디의 역할 때문이다. 멜로디가 기억에 강한 영향을 미치기 때문에 오랜 시간 마음속에 남아 있는 감정을 표면화하는 역할도 할 수 있다. 넷째, 멜로디는 위로soothing의 역할을 한다. 조용하고 고요한 멜로디는 우리 마음을 편안하게 해 주며 평화의 상태로 유지시켜 준다. 그러므로 대표적으로 자장가의 멜로디는 문화의 차이에도 불구하고 유사한 멜로디적인 구조, 즉 반복적이며 공통된 음역을 가지고 있다.

클라이언트가 노래하거나 연주하는 내용, 음색, 분위기 등은 그의 심리적인 행동과 연결될 수 있다. 하지만 음악에서 느끼는 감정과 정서는 연령, 성별 등 개인 변인에 따라 다르기 때문에 치료사는 항상 주의 깊게 듣고 관찰하여야 한다. 클라이언트는 자신의 감정을 투사하는 멜로디를 선곡하기도 하는데, 헤브너(Hevner, 1939)는 음악을 통해 유발될 수 있는 감정의 형용사 카테고리를 [그림 4-3]과 같이 분류하였다.

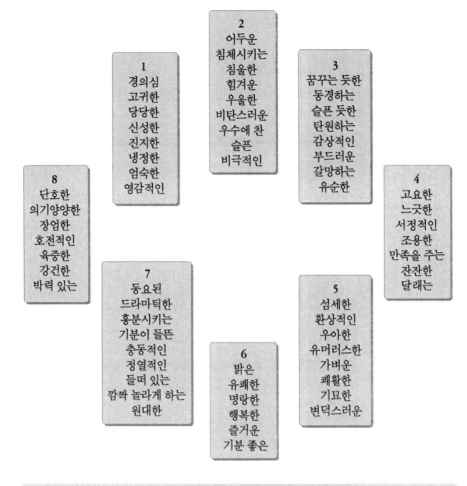

[그림 4-3] 헤브너의 형용사 카테고리

출처: Hevner, K. (1939).

2) 리 듬

리듬rhythm은 그리스어 'Rhythmos'에서 나온 것으로 '흘러가는 것to flow'을 말한다. 즉, 음악적 요소가 시간에 따라 변하는 것을 의미한다(Mankin, Wellman, & Owen, 1979). 리듬은 모든 음악에 존재하는 요소이며, 음악에 구조와 질서를 제공하고 또한 힘과 에너지를 준다(Gaston, 1968). 따라서 리듬이 없으면 음악이 없다고 할 수 있다.

음악뿐만 아니라 모든 자연적인 현상에도 반복적인 리듬이 존재한다(Hughes, 1948). 밤과 낮의 변화, 조수간만의 차이, 계절의 변화 등은 모두 자연에 존재하는 리듬적인 움직임이다. 따라서 리듬을 이해하는 것은 우주의 모든 요소를 이해하는 것이다(Elliott, 1986). 이러한 자연에서의 리듬은 삶에서의 리듬과도 많은 연관성을 가지고 있다. 우리 신체의 규칙적인 움직임, 즉 심박, 호흡 등의 움직임은 우리의 생존을 유지시켜 준다. 따라서 우리는 리듬을 통해 우리의 존재를 확인할 수 있다.

생존뿐만 아니라 우리의 말과 동작, 대화 역시 모두 리듬적 요소를 가지고 있다. 따라서 이러한 관계를 관찰하게 되면 클라이언트의 심리적인 측면과 연결하여 이해할 수 있다. 즉, 목소리의 리듬은 어떠한지, 행동의 리듬은 어떠한지, 삶의 리듬은 어떠한지, 쉼이 있는지, 서두르지는 않는지 등을 통해 클라이언트의 심리적인 측면을 이해할 수 있다. 심장의 불규칙한 움직임이 질병을 의미하는 것처럼, 불규칙적이고 이상한 내면의 리듬은 심리적으로 안정적이지 못하고 건강하지 못함을 의미한다고 할 수 있다(Rider, 1997). 따라서 우리의 몸과 마음은 안정적이며 규칙적인 리듬을 유지하는 것이 필요하다.

리듬은 동조화 현상Entrainment을 보여 준다. 동조화 현상이란 1665년 네덜란드의 과학자 크리스티안 호이겐스Christian Huygens에 의해 언급된 것으로, 두 개의 진자를 옆에 두고 한 개의 진자를 움직이면 결국 두 개의 진자가 정확한 리듬으로 동일하게 움직인다는 것이다. 이처럼 리듬은 서로 동일하게 움직이려는 현상을 보이며, 따라서 우리 몸의 리듬 역시 외부의 리듬에 일치하려는 경향을 보인다. 이러한 관계를 통해 치료사는 먼저 클라이언트가 표현하는 삶의 리듬을 이해하고 이를 규칙적이며 건강한 리듬으로 변화시키려는 노력이 필요하다.

3) 화 성

화성harmony이란 두 개의 음이 동시에 울릴 때를 말하는 것으로 멜로디와 관련이 있다. 멜로디가 인간에게 개별 목소리를 찾을 수 있도록 도와준다면, 화성은 함께하는 힘, 타인과의 관계를 도와준다고 할 수 있다. 이러한 화성은 우리에게 깊은 감정을 제공한다. 아름다운 화성은 인간에게 유쾌하고 기분 좋은 감정을 유발하지만, 그렇지 않은 화성은 불유쾌한 감정을 유발할 수 있다.

또한 화성은 긴장과 해결을 가져오며, 이는 서양의 조성체계tonality를 발전시켰다. 즉, 조성 안에서의 화성은 잘 정리되고 체계화된 것으로 안정감을 주며, 조성 밖의 음은 불안함과 긴장감을 준다. 음악에서의 긴장과 해결처럼, 우리 삶역시 긴장과 해결의 순환이다. 이는 음악적 긴장과 해결을 통해 음악의 아름다움을 경험하는 것과 감정적으로 긴장하고 해결의 과정을 통해 정서적으로 건강한 삶을 누리는 과정이 유사하다고 할 수 있다.

한편 화성은 수학적 상관관계를 통해 만들어지며, 진동 수단에서 발생한 자연적인 주파수와 배음의 관계다. 화성은 정서를 불러일으킬 뿐만 아니라 모방하는 힘을 가지고 있다. 따라서 클라이언트의 삶에서 화성을 찾는 것은 그의 내적인 조화와 건강 상태를 알 수 있는 지표가 될 수 있다.

4) 형 식

형식form은 전체적인 음악을 설계하는 것으로 한 곡의 주제가 연속적으로 구조화된 것을 의미한다. 형식의 목적은 작은 작품을 큰 아이디어로 묶음으로써 그 곡을 쉽게 이해할 수 있도록 도와주는 것이다. 형식은 이야기를 전달하며 서양의 음악 형식, 동양의 음악 형식처럼 문화적 · 역사적 배경에 따라 서로 다른 모습으로 나타난다.

우리의 삶 역시 음악처럼 여러 가지 형식이 있으며, 이는 개인의 경험에 따라 다르게 나타난다. 즉, 음악에서 여러 요소가 형식을 구성하는 것처럼, 우리 삶에서의 작은 사건도 우리의 삶 전체를 구성한다고 할 수 있다.

형식과 심리적인 상태를 고려해 보면, 동음적 구조homophonic texture를 가진 클라이언트를 생각해 볼 수 있다. 동음적 구조란 '한 소리가 선율적으로 이끌어 가면서 화음이나 약간 더 정교한 형식에 의해 지지되는 음악'을 말한다. 기본적으로 동음적 성격은 자신의 삶을 사는 방법을 행동으로 옮겨 자신을 지지하는 믿음 체계를 가지고 있다. 즉, 개인의 행동은 그의 믿음 체계와 조화되어 나타난다. 만일 한 사람의 행동과 믿음 체계가 일치되지 않는다면, 그는 가끔 내적인 문제를 일으킬 수 있으며 삶에서 부조화의 느낌, 안착되지 못한다는 느낌 혹은 지원받지 못하는 느낌을 갖게 될 것이다.

한편 다성음악의 형식을 가진 클라이언트를 고려해 볼 수 있다. 다성음악은 '동시에 하나 이상의 선율과 주제가 나타나는 것'이다. 다성음악적인 사람은 인생에 많은 주제를 가지고 있으며 그 주제는 모두 같은 중요성을 갖는다. 이들은 삶 속에서 일어나는 사건 및 감정과 갈등 속에 있다. 이러한 사람들은 가끔 과도한 작업을 하고 스트레스를 받아서 감정적·정신적으로 피곤한 상태에 있을 수도 있다.

예를 들어, ABACAD라고 표현되는 론도 형식은 A라는 주제 사이에 B, C, D라는 주제와 다른 변형이 사이사이 나타나게 된다. 우리 삶에서도 A라는 주요 사건 사이에 또 다른 사건이 나타나면서 삶을 만들어 간다. 그러나 주제는 바뀌지 않는다는 점에서 형식과 삶은 비슷하다고 할 수 있다. 때로 심리치료를 찾아오는 사람들에게 음악 형식을 통해 자신의 인생의 주제를 찾아갈 수 있도록 도와주는 것이 의미가 있을 수 있다.

음악 형식 중 '푸가'는 주요 주제가 그 곡을 구조화하는 요소다. 푸가의 주제는 악제라고 부른다. 푸가의 악제는 단선율로 소개된다. 한 주제가 되풀이되면서 위 혹은 아래에서 다른 선율이 응답하는 것처럼 진행한다. 삶에서의 주제 역시 매우 복잡할 수 있다. 마음속에 있는 주제에 따라 개인의 삶이 지배된다. 본질적으로 악제는 일정한 양식의 행동으로 자신을 종속시킨다. 한 사람의 삶에서 행동양식의 형태는 매우 파괴적일 수 있다. 그가 삶을 분열시키는 행동에 개입하면서 파괴적 행동의 이유를 의식적으로 찾을 수 없거나 왜 파괴적인 행동에 개입하게 되는지 이해하지 못할 수 있다. 그를 위한 치료는 원인이 되는 주요 악제를 찾는 것이다.

음악의 관점에서 삶을 바라볼 때 무엇이 진행되는지와 어떻게 주제에 다가가는가를 이해하는 것이 필요하다. 이처럼 즉흥적으로 연주되는 음악 안에서 개인 역사history에 대한 형식을 찾는 것은 클라이언트에게 자신의 삶에서 관념적인 형식을 이해하는 것을 돕는 좋은 방법이 될 수 있다.

5) 강 약

강약dynamics이란 음악에서 얼마나 강하게, 혹은 약하게 연주하는가와 관련이 있다. 음악에서 강약은 인간의 감정을 표현할 때 중요한 역할을 한다. 어떤 클라이언트는 분노, 증오 등의 부정적 감정을 강하게 표현할 수도 있고 약하게 표현할 수도 있다. 또한 어떤 클라이언트는 내면의 감정은 매우 강하지만 외부로는 약하게 감정을 나타낼 수도 있다. 이러한 감정의 불일치가 나타나면 이를 탐구함으로써 클라이언트의 심리적인 상태를 알아볼 수 있다.

이처럼 음악의 강약은 감정 표현에 중요한 역할을 하기 때문에 클라이언트가 악기를 연주하거나 노래를 할 때 얼마나 크게 혹은 작게 표현하는가를 주의 깊게 관찰해야 한다. 구체적으로, 악기를 연주할 때 클라이언트의 에너지 혹은 강약은 어떠한지, 클라이언트가 어떤 악기를 고르고 어떻게 연주하는가를 탐색하는 것은 클라이언트의 무의식을 엿볼 수 있는 기회가 된다.

한편 감정을 언어로 표현할 때에는 강약과 선율이 복잡하게 얽힌다. 클라이언트가 억누른 소리로 강하게 이야기하는지 혹은 매우 단조롭게 이야기하는지를 이해하는 것 역시 클라이언트의 내면의 태도를 이해할 수 있는 중요한 요인이 될 수 있다.

6) 음 색

음색timbre은 음이 가지는 고유한 특질로서 악기 혹은 목소리의 색깔이라고 할 수 있다. 동일한 음을 동일한 강도로 연주하여도 다른 음악처럼 들리는 것은 음색의 영향이라고 할 수 있다. 또한 음색은 악기를 구별할 수 있는 독특한 특질이라고 할 수 있다.

음색을 묘사하는 단어를 살펴보면 '따뜻하다' '가늘다' '묵직하다' 등의 감정을 표현하는 형용사가 있다. 같은 방법으로 우리는 주변 타인을 '가볍다' '따뜻하다' '차갑다' 등으로 묘사한다. 이처럼 개인의 음색적 표현은 그의 내면의 성격을 묘사하는 것이라고 할 수 있다.

그리고 어떤 음색의 악기를 선택하는가는 클라이언트의 내면을 반영하는 중요한 표현이 될 수 있다. 예를 들어, 목관악기의 음색을 따뜻하고 부드럽다고 표현하고 금관악기의 음색을 화려하다고 표현하는 것처럼, 어떤 악기를 선택하는가를 통해서도 현재 그 사람의 감정 상태를 알아볼 수 있다.

지금까지 살펴보았듯이, 많은 음악적 요소는 인간의 심리적인 속성과 일치하거나 유사한 점이 많다(〈표 4-2〉 참조). 따라서 치료사는 클라이언트가 표현하는 음악적 요소를 통해 그 내면의 모습을 바라보는 것이 가능하다고 할 수 있다. 이러한 이유로 음악은 심리치료 적용에 매우 효과적인 도구가 될 수 있다. 하지만 개인적인 차이가 존재하기 때문에 해석을 할 때는 신중하게 하여야 한다.

〈표 4-2〉 기쁨 · 슬픔과 음향적 요소의 상관관계

강 점	음 정	멜로디 변화	빠르기	음정 수준 변화도	음 색
기쁨	높음.	강함.	빠름.	위와 아래	배음 많음.
슬픔	낮음.	약함.	느림.	아래	배음 적음.

출처: Hass, R., & Brandes, V. (2009/2013).

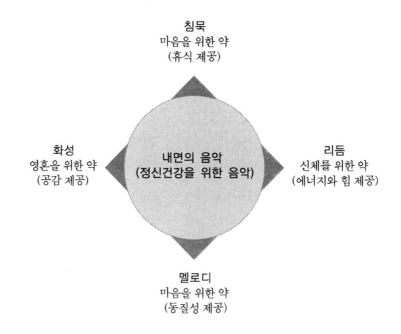

[그림 4-4] 음악과 건강

출처: Stevens, C. (2012).

제5장 | Music Therapy

음악심리치료와 정신건강

여대생 A는 순종적이며 마음이 여리다. 특히 남자친구와 만나는 횟수가 줄어들면서 더욱 불안해졌다. 남자친구의 연락이 없으면 삶의 의욕이 없어지고, 자기를 싫어해서 만나지 않는 것으로 생각하며 더욱 남자친구에게 집착하게 되었다. 헤어지는 것에 항상 두려움을 느끼고 있었던 것이다. A는 음악심리치료를 통해 자신의 모습이 어릴 때 부모로부터 사랑을 받지 못해서 나타나는 감정임을 알게 된 후 음악 안에서 정서적인 지지와 안정을 찾게 되면서 남자친구에 대한 집착에서 벗어날 수 있게 되었다.

음악은 다양한 심리적인 문제와 연결되기 때문에 클라이언트의 내면을 이해하고 문제를 해결하는 데 매우 효과적인 도구가 되어 왔다. 특히 음악은 클라이언트의 수준과 기능에 따라 클라이언트가 능동적으로 참여하는 적극적 음악치료active music therapy 혹은 수동적으로 참여하는 소극적 음악치료receptive music therapy로 다양하게 적용할 수 있다는 장점이 있다.

예를 들어, 심리적 문제를 경험하는 사람은 그 증상에 따라 여러 가지 모습을 보여 준다. 기분이 지나치게 좋거나 흥분 상태를 보이기도 하며, 때로는 기분이 저조하거나 에너지 수준이 매우 낮은 모습을 보이기도 한다. 따라서 클라이언트의 내면의 상태와 필요를 반영하는 것이 심리적 문제에 접근하는 데 도움이 된다. 즉, 에너지 수준이 너무 낮아 의욕이 없는 클라이언트에게는 감상 등의 소극적 방법을 먼저 적용할 수 있으며, 활동적이고 기분이 상승된 상태의 클라이언트에게는 악기연주, 음악 만들기, 즉흥연주 등의 적극적인 방법을 적용할 수 있다. 혹은 이와 반대의 경우도 가능하다.

또한 음악 경험은 즐거움을 제공하며 자신의 행동에 대해 비판받지 않기 때문에 비위협적이며 안전한 환경을 마련해 준다. 따라서 음악 안에서 클라이언트는 자신의 문제를 거부감 없이 표현하고 바라볼 수 있다. 마지막으로, 음악은 쉽게 무의식에 접근하도록 도와준다. 일상적인 생활에서 무의식은 의식 속에 감춰진 상태로 있다. 하지만 음악은 투사의 기능, 자유연상의 도구가 됨으로써 무의식 속에 감춰진 내면을 탐구할 수 있도록 도와준다.

정신건강과 관련된 음악심리치료의 구체적인 적용은 다음과 같다.

1. 정 서

음악은 오래전부터 인간의 정서에 많은 영향을 미쳐 왔다. 이런 이유로 음악은 정서와 관련된 영역에서 오래전부터 사용되어 왔다. 음악은 정서적인 영역에서 즐거움과 자기만족을 제공한다(Boutcher & Trenske, 1990; Kendzierski & DeCarlo, 1991; Wininger & Pargman, 2003). 그리고 음악은 우울, 불안, 고통 등의 부정적인 정서 감소에 도움이 되며, 호르몬이나 뇌파 변화를 통해 정서적으로 가장 편안하고 안정된 상태로 가능하게 해 준다(Brennan & Charnetski, 2000). 예를 들어, 클라이언트는 음악을 감상하면서 내재된 감정을 탐색하고 해소하면서 빠르고 강하게 정서를 변화시킬 수도 있고, 악기를 연주하면서 감정과 에너지, 충동, 욕구를 표현하여 외부와 소통하기도 한다.

그러나 음악이 전달하는 정서와 각 개인이 경험하는 정서는 다를 수 있다. 예를 들어, 음악이 전달하는 정서는 기쁨이지만 각 개인은 슬픔을 경험하기도 하고 그 반대의 경험을 하기도 한다. 이러한 이유는 음악은 각 개인이 삶을 통해 직면하는 사건의 기억과 깊은 관련이 있기 때문이다. 따라서 음악은 각 개인의 독특한 삶의 모습을 반영한다고 할 수 있다. 음악에 대한 정서적인 반응은 매우 주관적이며(O'Callaghan, 1996), 복잡한 성격을 가지고 있다. 그러므로 음악은 클라이언트의 심리적인 상태에 따라 개별적으로 신중하게 고려되고 적용되어야 한다(Trauger-Querry & Haghighi, 1999).

2. 인 지

음악은 인지적인 왜곡으로 인한 부정적인 생각을 긍정적으로 변화시켜 줄 수 있다. 대부분 심리적으로 건강하지 못한 사람들은 자신을 신뢰하지 못하고 '나는 가치가 없어.' '내가 할 수 있는 것은 아무것도 없어.' 등의 부정적으로 왜곡된 생각을 반복하게 된다. 이처럼 왜곡된 신념은 부적절한 정서를 보이게 되며 이는 다시 부적절한 행동으로 나타나게 된다(Ellis & Grieger, 1977).

이러한 왜곡된 인지적 신념은 학습을 통해 변화될 수 있는데 이때 음악은 자극과 강화의 역할을 제공할 수 있다(Maultsby, 1977). 특히 가사는 이러한 인지적 왜곡을 바꾸는 데 도움을 준다. 예를 들어, 자신의 이슈와 관련된 의미 있는 노래를 부르며 가사를 함께 토의하면서 자신을 되돌아볼 수 있는 기회를 가질 수 있다. 혹은 기존의 가사를 미래의 신념, 확신 등에 관한 가사로 바꾸어 부르는 노래 만들기 활동을 통해 새로운 가치를 재정립할 수도 있다(Bryant, 1987).

또한 음악은 자존감을 증가시키며 자아실현을 가능하게 해 준다. 우울, 분노 등의 감정은 자신이 무능력하며 가치 없다고 느끼는 낮은 자존감을 갖게 한다.

음악은 자신의 자랑을 증대시켜 자기가치를 높일 수 있으며(Sears, 1968) 또한 자아를 강화시키는 역할을 할 수 있다. 즉, 음악은 본능적 욕구를 자극하거나 표현하며 이를 해소 및 감소시킴으로써 본능에 영향을 주며, 감정을 순화시키거나 수준 높은 미적 경험을 갖게 함으로써 초자아에 영향을 줄 수 있다 (Soshensky, 2001). 예를 들어, 즉흥적으로 연주하는 자유로움과 창조성은 자신의 자아와 만날 수 있는 기회를 제공하며, 이를 통해 자아를 성찰하고 자기실현을 이루어 나갈 수 있도록 도움을 줄 수 있다(Bruscia, 1998/2006).

또한 음악은 내재된 동기를 자극하여 스스로 성장할 수 있는 동기부여를 제공한다. 즉, 구조화된 음악활동을 통해 성취감을 느낄 수 있고, 따라서 자신감과 자존감을 향상시킬 수 있다. 예를 들어, 노래 부르기를 통해 자신에 대한 의식 수준을 높이고 노래의 완성을 통한 성공적 경험은 자신의 가치를 높이 평가하는 자존감을 향상시킬 수 있다. 특별히 청소년을 대상으로 노래 만들기, 랩·가사 쓰기, 가사 분석 등의 활동은 자신에 대한 통찰력을 향상시키고 이를 통해 만족감을 제공하며 궁극적으로 자신감과 자존감에 향상을 가져다 준다.

3. 행 동

음악은 부적절한 행동을 감소시키고 적절한 행동을 증가시키는 데 적용되어 왔다. 심리적으로 건강하지 못한 사람은 심리적으로 건강한 사람과 달리 동기유발에 대한 행동양식이 없어 대부분의 시간이나 정열을 한 방향으로 몰두하는 경향이 있다. 이에 따라서 현실을 인식하지 못하고 사고나 행동이 단순해지고 자신의 행동을 억제하거나 통제하기 어려울 수 있다. 이때 음악은 그 자체가 구조적이며 시간의 흐름에 따른 예술로서 시간에 입각한 행동을 할 수 있도록 도와준다(Gaston, 1968). 이러한 시간에 입각한 행동은 클라이언트로 하여금 현실감각을 일깨워 주며, 지금-여기에 적합한 행동을 할 수 있도록 도와준다. 또한 여러 가지 음악적인 과제를 수행하면서 문제해결 기술, 집중력 등을 향상시켜 줄 수 있다.

한편 이러한 행동적인 문제의 공통점은 내재된 에너지다. 즉, 에너지가 조절되지 않음으로써 충동적인 행동이 나타나며 자기통제력이 부족하게 된다. 음악은 에너지를 가지기 때문에 충동적인 행동 문제를 다루기에 적절하다. 특히 음악의 요소 중 리듬과 관련된 요인이 도움을 줄 수 있다. 박자는 박으로 유지되는 에너지의 안전감과 향상성을 더욱 촉진시켜 주며, 전체적인 박의 나열은 구조화를 제공하여 에너지의 수준을 의식적으로 조정할 수 있도록 도와준다.

빠르기뿐만 아니라 음악의 강약도 에너지의 강도를 표현해 준다. 이와 같이 리듬은 동작이나 활동을 조절하는 활동 조절계 혹은 속도 조절계로서 효과적인 역할을 한다(Thaut, 1999). 리듬이 가지는 이러한 속성은 인간의 내재된 신체리듬과 동조화entrainment 경향을 바탕으로 신체 움직임을 조절하는 역할을 한다. 예를 들어, 드럼 같은 타악기를 연주함으로써 에너지를 바람직한 방법으로 발산하게 하거나, 또는 음악의 빠르기를 변화하면서 빠르게 혹은 느리게 연주하거나, 크게 혹은 작게 연주하면서 자신의 행동을 조절할 수 있도록 도와준다.

4. 관 계

음악은 대표적인 비언어적 교류의 수단으로서 타인과의 상호작용을 가능하게 해 준다. 메리암(Merriam, 1964)은 음악은 그 자체만으로도 사람들을 결속시키는 힘이 있으며 따라서 음악활동에는 누구나 참여할 수 있고 이를 통해 사람들에게 공통적인 경험을 가지는 기회를 제공한다고 하였다. 또한 개스턴(Gaston, 1968)은 음악은 사회적 측면에서 교류를 통해 관계를 확립하거나 재확립하는 것을 강조하였다. 음악치료를 집단 안에서 수행할 경우, 집단에 참여한 각 개인은 자연스럽게 치료사 혹은 다른 사람들과 음악을 통한 관계를 맺게 된다. 즉, 다른 사람의 반응을 기다려 주며 다른 사람과 협조하여 음악적 과제를 수행함으로써 다른 사람과 관계를 맺는 방법을 자연스럽게 학습하고 훈련할 기회를 얻게 된다.

또한 함께하는 음악활동을 통해 고립감에서 벗어나 타인과의 관계를 맺도록 도와줄 수 있다. 대부분의 음악은 사회적으로 허용하는 방법으로 집단 안에서 관계를 재경험할 수 있도록 도와주며, 또한 자신의 감정을 표현하고 다른 사람의 감정을 받아들이면서 관계를 형성하는 데 도움을 준다. 예를 들어, 함께 노래를 부르거나 악기를 연주하는 경험은 타인과의 연결을 확립하고 사회적으로 인정되는 행동과 그렇지 않은 행동을 즐겁게 배울 수 있도록 기회를 제공한다 (James & Freed, 1989).

음악심리치료의 방법

B는 음악심리치료를 받으면서 다양한 음악적 경험을 하고 있다. 어느 날은 음악을 들으며 떠오르는 이미지에 대해 치료사와 대화를 나누면서 자신의 숨겨진 무의식의 모습을 발견하기도 하고, 어느 날은 나를 힘들게 하는 사람들을 생각하며 역할연주를 하기도 하였다. 이러한 음악적 경험을 통해 자신의 문제를 바라보게 되고 이로 인해 스스로 감정을 조절하고 통찰할 수 있게 되었다. B는 이제 일상생활에서 자신을 조절하면서 편안하고 즐겁게 생활할 수 있게 되었다.

음악심리치료에서 음악은, 이미 언급한 것처럼, 여러 가지 심리적 영역과 관련되기 때문에 치료에 유용한 도구가 된다. 즉, 음악은 인간의 무의식을 반영하는 투사projection의 도구가 되기도 하고, 자유연상free association의 도구가 되기도 하며, 내면을 반영하고 담아 주는 용기container의 역할을 하기도 한다. 또한 음악은 우리가 말로 하지 못하는 감정을 표현해 주기도 하고, 상징성을 가지면서 여러 가지 측면에서 우리의 삶과 관련이 있다. 이러한 이유로 심리치료에서는 음악을 사용한 다양한 음악적 경험이 효과적으로 사용될 수 있는데, 특히 즉흥연주,

노래, 감상이 주로 적용된다.

1. 즉흥연주

즉흥연주improvisation는 정의상 악보 없이 하는 모든 연주를 말하며, 음악치료에서 클라이언트가 멜로디, 리듬 등의 형태를 즉석으로 노래하거나 악기로 연주하는 것을 말한다. 클라이언트가 음악적으로 자유롭게 표현하는 것은 일종의 자유연상이나 무의식적인 내면의 표현이 될 수 있기 때문에 즉흥연주는 심리치료에서 유용한 도구가 될 수 있다. 브루샤(Bruscia, 1998/2003)는 음악치료에서 즉흥연주의 목적을 다음과 같이 설명하고 있다.

첫째, 즉흥연주는 비언어적 · 언어적 의사소통 통로를 확립하여 자기표현을 가능하게 해 준다. 심리적인 문제를 가진 사람은 자신의 감정을 말로 표현하기 어려워하거나 혹은 방어기제로 문제를 인식하지 못할 수 있다. 이럴 때 즉흥연주는 비언어적인 방법으로 자신의 감정을 음악이라는 안전한 상황에서 표현할 수 있도록 도와준다.

둘째, 즉흥연주를 통해 자신의 숨겨진 다양한 측면을 탐구할 수 있다. 클라이언트는 자신의 감정을 즉흥적으로 연주함으로써 숨겨진 감정이나 생각을 알 수 있다. 이때 자신의 감정과 연주가 일치하지 않을 경우, 예를 들어 슬프다고 하면서 연주는 강렬할 경우 그 불일치를 탐구하면서 감정의 다양한 측면을 알 수 있다.

셋째, 즉흥연주는 상호작용과 친밀감을 향상시킬 수 있다. 집단과 함께하는 연주는 자신이 연주하는 소리만이 아닌 타인이 연주하는 소리도 함께 듣고 그 안에서 자신의 소리를 조절해 나갈 수 있다. 이러한 과정을 통해 함께 조화를 이루어 나가면서 상호작용과 집단 기술을 개발할 수 있으며, 또한 집단 안에서 창조성을 발휘할 수 있다. 즉, 스스로 소리를 만들어 가고 창조함으로써 자신

스스로를 개발할 수 있고 문제를 해결해 나갈 수 있게 된다.

마지막으로, 즉흥연주는 여러 가지 감각을 발달시키고 자극하며 지각과 인지 기술을 발달시킬 수 있다. 악기를 연주하는 활동은 청각, 촉각, 시각 등의 협응을 도와주고, 신체적인 움직임을 유도하며 집중할 수 있도록 도와준다.

이러한 즉흥연주는 다음의 몇 가지 변인에 따라 다르게 적용될 수 있다. 첫 번째 변인은 대인관계적 환경interpersonal setting이다. 즉, 즉흥연주를 할 때 클라이언트 혼자 할 것인지, 치료사와 함께 할 것인지 혹은 다른 클라이언트 집단과 함께할 것인지를 결정해야 한다. 클라이언트가 혼자서 즉흥연주를 할 경우 자신의 문제를 분명하게 나타낼 수 있다는 장점은 있지만, 연주에 대한 책임감과 부담이 있을 수 있다. 반면에 집단으로 즉흥연주를 할 경우에는 개인의 표현과 책임이 줄어들어 자신의 의도를 마음껏 표현할 수는 없지만 타인과의 관계를 통해 교류하는 측면을 볼 수 있다. 즉, 음악적 교류inter musical를 통한 대인관계적 교류inter personal를 알 수 있다.

두 번째 변인은 음악 매체musical media다. 즉, 즉흥연주를 할 때 목소리를 사용할 것인지, 악기를 사용할 것인지 혹은 신체 부분을 사용할 것인지를 결정하여야 한다. 목소리는 각 개인의 내면을 직접적으로 반영한다는 점에서 가장 내적으로 클라이언트 자신과 밀접하게 연결될 수 있지만, 소리를 내는 것에 대한 위협과 거부감이 있을 수 있다. 따라서 안전한 외부적 대상, 즉 악기를 먼저 사용하는 것이 좋다. 신체를 사용하는 것은 악기를 사용하는 것과 목소리를 사용하는 것의 중간 정도의 안정감을 줄 수 있는 매체가 된다.

마지막 변인은 관련성reference이다. 즉, 즉흥연주를 할 때 음악 이외의 생각, 느낌, 이미지, 사건 등 비음악적 요소를 묘사하고 관련시키는 데 사용할 것인지 혹은 음악 경험 자체를 중시할 것인지에 따라 달라진다. 예를 들어, 분노라는 주제를 가지고 즉흥연주를 하여 분노 감정을 다시 느끼게 하고 언어적으로 연주된 것에 대해 토의를 하는 과정을 거친다면 관련적인 즉흥연주라고 할 수 있다. 한편, 분석이나 해석 없이 음악에서의 경험, 즉 멜로디가 어떻게 변화하는지, 리듬이 어떻게 달라지는지 그 자체를 경험하고 이해하는 것은 비관련적 즉흥연주라고 할 수 있다.

이와 같은 변인은 클라이언트의 필요와 수준에 따라 적절하게 선택되어야 한다. 클라이언트는 이러한 변인을 통해 즉흥연주에 참여하면서 자신의 감정을 인식하고 표현할 수 있으며, 이를 통해 부적절한 감정이나 행동을 조절하고 타인과 적절한 관계를 맺을 수 있다. 이처럼 즉흥연주는 클라이언트의 참여를 증가시키고, 자신의 고통을 약화시키고 조절하도록 도와주며, 사회적 기술과 자기 변화를 가능하게 한다.

1) 창조적 즉흥연주

(1) 개 요

창조적 즉흥연주는 미국의 음악가 폴 노도프^{Paul Nordoff}와 영국의 특수교육가 클라이브 로빈슨^{Clive Robbins}에 의해 시작되었다. 창조적 즉흥연주에서는 치료사가 음악, 상황, 순서를 '창조'하는 가운데 클라이언트가 능동적으로 자유롭게 창의적으로 음악 만들기^{musicing}에 관여하기 때문에 창조성이 중시된다. 창조적 즉흥연주는 두 사람의 이름을 따서 노도프-로빈슨^{Nordoff-Robbins} 즉흥연주라고 부르기도 한다(Hadley, 1998).

창조적 즉흥연주는 음악이 직접 치료적인 역할을 하는 접근법이며, 개인의 내적 경험과 변화 그 자체를 중요시한다. 창조적 즉흥연주의 중심 개념인 음악아^{music child}는 모든 개인에게 선천적으로 잠재되어 있는 창조적이고 건강한 음악성이자 내적 자아를 의미한다. 창조적 즉흥연주에서 음악아가 음악과 음악경험을 통해 자유롭게 표현될 수 있을 때 장애를 넘어 개인의 성장과 발전을 가져온다는 믿음을 가진다. 이때 음악은 클라이언트가 자신의 감정을 표현하고 긍정적인 감정을 자유롭게 드러낼 수 있는 중요한 중간 매개체가 된다.

(2) 과 정

창조적 즉흥연주의 주요 과정은 다음과 같다.

첫 번째, 아동[1]을 음악적으로 만나는 단계다. 즉, 음악아와의 만남의 단계다. 이 단계에서 치료사는 클라이언트가 연주하는 자유로운 연주를 통해 표현되는 감정 상태를 즉흥적으로 수용하고 반영하는 가운데 클라이언트 내면에 있는 음악아를 음악적으로 만나도록 돕는다. 이 단계에서 가장 중요한 것은 '반영 reflection'으로 아동의 감정과 행동에 일치시킬 여러 가지 음악적 방법을 사용한다. 예를 들어, 아동의 모습이나 분위기, 행동, 경험 등을 치료사가 음악적으로 표현함으로써 아동이 음악적으로 만날 수 있도록 돕는다.

두 번째, 아동의 음악적 반응을 이끌어 내는 단계다. 이 단계에서 치료사는 클라이언트가 음악적 아이디어를 만들어 내고 이를 음악적으로 유지 · 조절 · 조직하도록 지속적으로 자극하고 도와준다. 치료사는 음악적 기술을 통해 클라이언트가 느낌과 생각을 좀 더 많이 표현할 수 있도록 도와준다. 이때 치료사는 목소리 혹은 악기연주로 반응을 유도할 수 있는데, 악기는 아동이 흥미를 느끼고 호감을 갖는 것을 제시하는 것이 좋다.

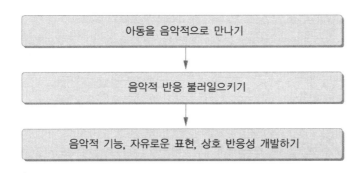

[그림 6-1] **창조적 즉흥연주에서의 과정**

출처: Bruscia, K. E. (1987/1998).

---

1) 창조적 즉흥연주는 장애아동을 위해 개발된 것이므로 클라이언트 대신 아동으로 표현함.

세 번째, 아동의 음악적 능력, 자유로운 표현 능력, 상호 반응성을 발달시키는 단계다. 이 단계에서 치료사는 클라이언트가 음악 만들기에 능동적으로 참여하면서 감정의 제한이나 과잉으로부터 벗어나 음악적 상황이나 대인관계에서 좀 더 자유롭고 활발하게 반응하도록 돕는다([그림 6-1] 참조).

(3) 특 징

창조적 즉흥연주에서는 클라이언트와 치료사의 창조성이 강조되며, 다음과 같은 특징을 갖는다.

첫째, 창조성이 있다. 창조적 즉흥연주에서 창조성은 매우 중요한 요소다. 치료사는 순간순간 클라이언트와 접촉하고 치료적 경험을 창조하며, 클라이언트는 음악 안에서 자신을 표현하는 창조성을 발휘하면서 잠재력을 개발하고 자아실현을 이루어 낸다.

둘째, 음악이 치료로서 music as therapy 적용된다. 창조적 즉흥연주의 핵심은 클라이언트의 음악적 변화가 치료적 변화로 직접 연결된다는 것이다. 이 방법에서 음악은 의사소통을 위한 첫 단계이며, 치료 시 핵심적인 역할을 한다. 따라서 창조적 즉흥연주에서 언어적 개입은 최소화된다.

셋째, 능동적 접근 방식을 적용한다. 창조적 즉흥연주에서 클라이언트는 단순히 들리는 음악을 듣는 수동적인 존재가 아닌, 직접 음악활동에 참여하고 이를 통해 자신의 문제를 인식하고 해결하는 능동적인 존재다.

마지막으로, 음악의 아름다움을 강조한다. 창조적 즉흥연주에서 미적인 아름다움이란 음악적인 아름다움보다는 클라이언트의 삶을 잘 반영하는 음악을 의미한다. 이러한 미적으로 아름다운 음악은 클라이언트의 내면적 요소를 외면화하고 반영하는 역할을 하기 때문에 클라이언트는 이를 통해 지지를 받고 자신만의 아름다운 음악을 창조할 수 있다.

창조적 즉흥연주에서 음악은 매우 중요한 요소가 되는데, 음악은 클라이언트의 정서적·신체적 혹은 의식적·무의식적 상태를 나타내는 상징이 되며,

또한 클라이언트가 여러 장애^{disability}와 장해^{handicap}를 넘어 성장할 수 있도록 돕는 매개체가 된다. 음악적 경험이 개인의 심리적 · 발달적 상태를 반영하므로 음악적 성장은 곧 개인의 성장이 된다. 그리하여 정서적인 자각, 형식과 순서, 템포, 리듬, 노래를 경험하기 위한 개인의 능력은 개인의 인성 속에서 '음악 아'의 수용적 · 인지적 · 표현적 능력이 점점 더 조직화됨에 따라 향상된다고 믿는다.

한편 창조적 즉흥연주는 클라이언트의 특별한 음악적 기술이나 배경을 필요로 하지 않으며, 클라이언트가 음악적으로 보다 자유롭게 표현할 수 있도록 지원한다. 또한 즉흥연주는 음악적 만남, 관계 형성 및 개입을 보다 원활하게 이루어지도록 도와준다. 따라서 즉흥연주를 통한 창조적 경험은 클라이언트의 음악아가 활성화되는 장^{field}을 만들어 준다. 음악은 말로 표현하기 힘든, 미묘한 인간의 감정을 표현하는 데 좋은 수단이 된다. 또한 음악은 우리 자신의 무의식을 상징적으로 투사하게 해 준다. 음악은 내가 누구인가, 무엇을 느끼는가, 무엇을 원하고 필요로 하는가를 말해 줄 수 있다.

(4) 치료사의 역할과 적용

창조적 즉흥연주에서는 치료사의 임상적 음악성^{clinical musicianship}이 매우 중시된다(Nordoff & Robbins, 2007)([그림 6-2] 참조). 임상적 음악성은 '창조적 자유 대 임상적 책임감' '표현적 자발성 대 방법적인 음악 구조' '직관 대 통제된 의도'로 구분된다. 예를 들어, 클라이언트와 치료사 사이의 음악적 의사소통을 위해 치료사는 순간순간 클라이언트의 감정에 맞추고 동반하며 의사소통을 향상시킬 수 있는 음악을 즉흥적으로 연주할 수 있는 창조성이 있어야 한다. 이와 함께, 치료사는 임상적으로 진보를 기록하고 변화를 이끌어 내기 위한 임상적인 책임감도 있어야 한다. 즉, 치료사는 음악가로서의 자질과 임상가로서의 자질을 가지고 가장 효과적인 치료를 위해 이 두 가지를 균형 있게 상호 보완적으로 적용할 수 있어야 한다.

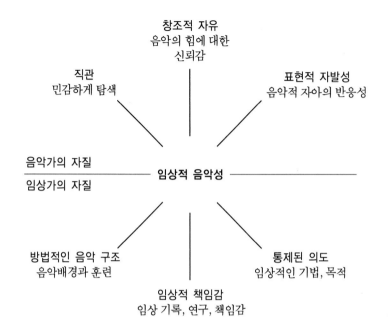

창조적 자유
음악의 힘에 대한
신뢰감

직관
민감하게 탐색

표현적 자발성
음악적 자아의 반응성

음악가의 자질
임상가의 자질

임상적 음악성

방법적인 음악 구조
음악배경과 훈련

통제된 의도
임상적인 기법, 목적

임상적 책임감
임상 기록, 연구, 책임감

[그림 6-2] **임상적 음악성을 위한 여섯 가지 범주의 조화**

또한 치료사는 임상 현장에서 매순간 자신이 언제, 어떻게, 어떤 목적으로 음악을 창조하고 있는가에 대한 통찰을 가지기 위하여 지속적으로 노력해야 한다. 청각적 민감성을 가지고 클라이언트와 매순간 서로 만나고 교류해야 한다. 치료사는 임상적 음악성을 지속적으로 향상시켜 나감으로써 음악의 무한한 가능성에 자신을 열어 놓고, 음악과 클라이언트 간의 관계를 이해하며, 자신과 음악의 관계에 대한 통찰을 키워 나갈 수 있다.

창조적 즉흥연주는 음악을 통해 신체적 건강의 향상, 정서적·행동적 어려움 조절, 의사소통 및 사회 기술 계발, 창의성과 신뢰, 자긍심의 증진이 이루어진다. 심각한 장애아동을 치료하기 위해 개발된 이 방법은 최근에는 HIV/AIDS (Lee, 1996; Neugebauer, 1999), 신체장애(Aigen, 2009), 건강장애(Schmid & Aldridge, 2004), 암환자(Aldridge, 1999; Logis & Turry, 1999; Pothoulaki, Macdonald, & Flowers, 2012), 치매(Aldridge, 2000), 외상후 스트레스 장애(Robarts, 2006), 정

신분열(Pavlicevis, Trevarthan, & Duncan, 1994) 등 다양한 증상에 의한 문제를 감소시키는 데 효과적인 것으로 알려져 있다.

2) 분석적 즉흥연주

(1) 개 요

분석적 즉흥연주analytical music therapy는 1970년대 프리스틀리Priestely와 피터 라이트Peter Wright, 마조리 워들Marjorie Wardle에 의해 클라인Klein의 이론을 즉흥연주에 도입하면서 개발된 것이다. 분석적 즉흥연주는 클라이언트의 내면세계를 탐구하고 성장을 제공하기 위한 목적으로 치료사와 클라이언트가 언어와 음악즉흥연주를 사용하는 방법이다(Priestley, 1975). 심리치료이론을 많이 반영하였지만, 분석적 즉흥연주는 치료사와 클라이언트가 상호 교류를 한다는 점에서 단지 치료사가 클라이언트를 있는 그대로 반영하는 거울 같은 존재라는 고전적 정신분석과는 차이가 있다.

(2) 과 정

분석적 즉흥연주의 치료 과정은 먼저 치료사와 클라이언트가 대화를 통해 치료적 이슈를 찾아 나가는 것이다([그림 6-3] 참조). 즉, 클라이언트가 무엇을 느끼고 있는지, 무엇을 생각하고 있는지, 어떻게 행동하며 지내 왔는지에 대해 이야기를 하면서 자신의 심리적인 이슈를 찾아 나간다. 자신의 감정을 대화를 통해 인식하고 탐구하는 것이 어려울 경우는 비관련적인 즉흥연주 같은 비언어적 방법을 통해 관련 이슈를 찾아 나갈 수도 있다.

치료적 이슈가 정해지면 다음에는 클라이언트와 치료사가 함께 즉흥연주를 할 역할을 정하게 된다. 클라이언트는 자신의 역할뿐만 아니라 치료사가 즉흥연주에서 할 역할도 정한다. 클라이언트가 역할을 정하는 것을 통해 치료사는 클라이언트의 무의식적인 측면을 볼 수도 있다. 역할이 정해지면 함께 즉흥적으로

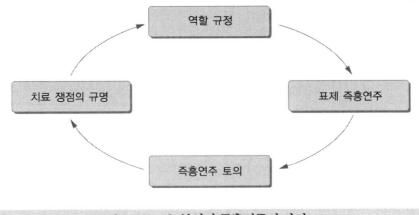

[그림 6-3] 분석적 즉흥연주의 과정

출처: Bruscia, K. E. (1987/1998).

연주를 진행하게 된다. 이때 치료사는 클라이언트의 연주 속에서 표현되는 감정이나 행동 등을 주의 깊게 살피면서 클라이언트의 내면에 숨겨진 모습을 파악하여야 한다. 연주를 하면서 때로는 치료사의 역전이가 나타날 수도 있는데, 치료사는 자신의 역전이를 객관화하여 치료 주제 탐구에 활용하여야 한다.

마지막으로 연주를 마치고 난 후 연주의 경험을 자유롭게 토의한다. 클라이언트는 음악을 통해 경험한 것, 내적으로 경험한 것에 대해 자연스럽게 이야기한다. 때로는 즉흥연주를 녹음하여 다시 들어 보기도 한다. 이러한 과정 속에서 치료적인 저항이 나타날 수도 있으며 혹은 자신의 무의식에 감춰진 것을 부정하거나 때로는 표현하는 것에 대해 방어기제가 나타날 수도 있다(제2장 심리치료 이론과 철학). 이때 치료사의 역할은 클라이언트의 정서를 담고 일치시킬 수 있는 용기container가 되어야 한다. 즉, 치료사는 다양한 연주를 통해 음악적으로 정서적으로 클라이언트의 감정을 수용할 수 있어야 한다. 이를 위해 다양한 연주 방법과 스타일에 대해 알고 있어야 한다. 또한 클라이언트가 자유롭게 감정을 표현할 수 있도록 지지하고 도와주어야 한다.

(3) 특 징

분석적 즉흥연주에서 중요한 것은 음악적인 상징과 언어다. 음악은 표현할 수 없는 것을 안전하게 표현할 수 있도록 도와주며, 무의식으로 가는 통로가 되기도 한다. 또한 클라이언트의 모습이나 감정을 반영하는 거울이 되기도 하고, 저항, 분노, 공격성 등의 부정적 감정을 표현하여 문제에 직면할 수 있도록 도와주는 역할을 하기도 한다. 따라서 음악은 클라이언트의 숨겨진 감정을 이끌어 냄으로써 클라이언트를 더 빨리 이해할 수 있는 도구가 된다.

한편 언어는 음악적 표현을 구체화함으로써 자신의 문제를 통찰할 수 있도록 도와준다. 즉, 클라이언트는 자신의 음악적 표현을 단어로 바꿈으로써 감정을 풍성하게 경험할 수 있으며, 자신의 문제에 대한 통찰과 현실화가 가능하게 된다. 따라서 분석적 즉흥연주에서 음악적 · 언어적 관계는 각각 고유의 힘을 가지고 있으며, 이 두 가지는 클라이언트의 내면세계를 탐구하고 자아를 강화시키는 데 효과적으로 사용된다.

(4) 치료사의 역할과 적용

분석적 즉흥연주 방법은 치료사와 클라이언트의 관계를 중시하며, 이때 치료사는 치료를 이끌어 나가는 중요한 역할을 한다. 분석적 즉흥연주에서 치료사는 클라이언트의 정보를 수집하고 그의 행동을 관찰하면서 그의 무의식으로부터 내면의 소리를 알아차려야 한다. 그러기 위해서는 다음 방법이 필요하다.

첫째, 결절점nodal point이 되어야 한다. 즉, 클라이언트가 자신의 감정을 표현할 때 치료사는 클라이언트를 보호해 주고 이러한 감정을 담아 주어 현실과 연결시켜 주는 역할을 하여야 한다.

둘째, 치료사는 공감을 통해 클라이언트의 감정을 이입하고 다시 반사시켜 주는 역할을 하여야 한다. 이를 통해 클라이언트가 자신의 감정을 이해하고 인식할 수 있도록 도와주어야 한다.

셋째, 치료사는 음악을 통해 클라이언트의 내면적인 삶을 탐구할 수 있도록 이끌어 주며, 필요할 경우 언어적·음악적 피드백을 제공할 수 있어야 한다.

마지막으로, 분석적 즉흥연주에서 치료사는 진실된 모습으로 클라이언트와 상호작용을 하며, 이를 통해 클라이언트가 자신을 통합할 수 있도록 도와줄 수 있어야 한다.

분석적 즉흥연주는 삶의 의미를 찾고 자긍심을 향상시켜 주며 외상 환자의 회복(Diss & Michell, 2012) 및 정신분열증 환자(Lillian, 2007)의 무의식을 탐구하며 자아를 강화시키기 위해 적용되기도 한다.

2. 노 래

노래singing는 우리 삶에서 매우 친숙한 경험이다. 우리는 노래를 통해 내가 누구인지 그리고 어떻게 느끼는지를 표현할 수 있다. 또한 노래는 외로울 때 함께할 수도 있고 다른 사람과 친밀감을 가질 수도 있다. 노래는 우리 삶과 가치를 강조하며, 우리 삶의 증인이 되기도 한다. 노래는 우리 삶의 기쁨과 슬픔의 이야기이며, 우리 내면의 비밀을 나타내 주고, 우리의 희망과 절망, 두려움과 승리를 표현하게 해 준다. 따라서 노래는 우리 삶의 이야기이며, 개인적 변화에 대한 소리이기도 하다(Bruscia, 1998/2003). 이처럼 노래는 개인의 이야기를 반영하면서 감정을 소리로 표현하는 것이다.

노래가 심리치료에 사용되는 근거는 구체적으로 다음과 같다.

첫째, 노래는 멜로디와 가사가 결합되어 있다. 노래에서 가사는 특정 메시지를 담고 있으며, 인간의 의지, 사고, 생각을 나타냄으로써 각 개인의 삶과 연결시킬 수 있다. 한편 멜로디는 인간의 감정을 대신해 준다. 따라서 노래는 자신의 목소리를 사용하여 감정을 나타낼 수 있기 때문에 클라이언트의 내면의 감정과 직접적으로 연결될 수 있다.

둘째, 노래는 관계 형성을 가능하게 해 준다. 동시대의 노래는 함께 부르는 사람들에게 소속감과 만족감을 주기 때문에 심리적으로 안정감을 줄 수 있다.

셋째, 노래는 문화를 반영한다. 노래는 특히 그 시대의 사회상과 문화적인 배경을 반영하기 때문에 클라이언트로 하여금 과거를 회상하는 데 적절한 신호가 될 수 있다.

넷째, 노래는 개인적인 삶과 깊은 관련이 있다. 모든 인간은 태아 때부터 어머니의 노래를 들으며 시작하고 생을 마감하는 순간까지도 노래와 함께한다. 따라서 음악의 역사는 개인의 역사와 함께한다고 할 수 있다. 그러므로 심리치료에서 중요한 개인의 주관적 경험은 음악을 통해 탐구할 수 있다.

심리치료에서 노래는 다음의 다양한 방법으로 적용될 수 있다. 노래토론과 가사토의, 노래회상과 노래퇴행, 노래만들기, 즉흥노래 등이 있다.

1) 노래토론과 가사토의

(1) 개요 및 과정

노래토론song communication과 가사토의song discussion는 유사하게 사용된다. 두 방법 모두 클라이언트 혹은 치료사가 선곡한 노래를 함께 들으며 심리적 이슈를 탐구하고 찾아 나가는 것이다(Grocke & Wigram, 2007). 이 과정에서 클라이언트는 노래를 통해 감정을 동일화identification하고 공감empathy하며 투사projection를 하게 된다(Gardstrom & Hiller, 2010).

노래토론의 경우, 치료사는 클라이언트에게 치료상황에서 다루고 싶은 주제를 표현하기에 적절한 공개할 수 있는 음악(녹음된 음악)을 가져오거나 혹은 목록에서 선택하도록 한다. 또는 치료사가 클라이언트와 관련된 이슈에 관하여 의사소통할 수 있는 음악을 선택할 수도 있다. 치료사와 클라이언트는 함께 선곡된 음악을 들으며 클라이언트에 관하여, 클라이언트의 삶에 관하여 혹은 치료적 이슈 등에 관하여 음악을 듣고 탐구한다.

가사토의의 경우, 치료사는 클라이언트와 치료적으로 관련된 이슈를 토의하기 위한 도약판(스프링보드)으로써 노래를 가져온다. 노래를 들은 후 치료사는 클라이언트에게 가사의 의미를 분석하도록 하거나 혹은 클라이언트의 삶 혹은 클라이언트와 관련된 가사를 조사하도록 한다.

임상에서는 노래토론과 가사토의를 결합하여 다음의 3단계를 개별 및 집단 음악치료 세션에서 활용할 수 있다.

- 단계 1: 클라이언트(혹은 치료사)가 치료실에 CD나 음악을 선택하여 가져 온다.
- 단계 2: 치료사와 클라이언트가 함께 듣는다.
- 단계 3: 노래와 그것이 클라이언트(혹은 집단)에게 어떤 의미인가를 토의하 고 가사를 분석한다.

노래토론과 가사토의의 과정은 [그림 6-4]와 같다. 이때 클라이언트 자신이 스스로 내면의 이슈를 이해하고 찾아가는 과정이 중요하다.

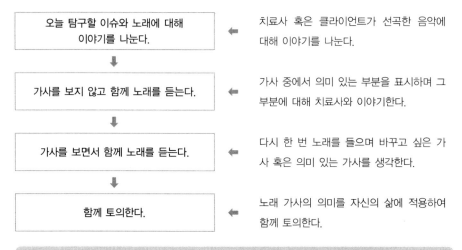

오늘 탐구할 이슈와 노래에 대해 이야기를 나눈다.   ←   치료사 혹은 클라이언트가 선곡한 음악에 대해 이야기를 나눈다.

가사를 보지 않고 함께 노래를 듣는다.   ←   가사 중에서 의미 있는 부분을 표시하며 그 부분에 대해 치료사와 이야기한다.

가사를 보면서 함께 노래를 듣는다.   ←   다시 한 번 노래를 들으며 바꾸고 싶은 가 사 혹은 의미 있는 가사를 생각한다.

함께 토의한다.   ←   노래 가사의 의미를 자신의 삶에 적용하여 함께 토의한다.

[그림 6-4] 노래토론과 가사토의의 과정과 방법

(2) 고려사항

① 노래선곡

노래토론과 가사토의에서 중요한 것은 노래를 선곡하는 것이다. 프리슈 (Frisch, 1990)는 노래선곡에 대해 다음과 같이 말하였다.

> 음악의 요소는 환자의 현재 기능을 지지하고 달래 주며 혹은 직면하도록 할 수 있다. 환자의 성격, 현재의 분위기, 치료에서의 단계, 그리고 가능한 그 음악에 대한 이전의 지식은 환자가 음악을 만드는 방법과 관련이 있다. 따라서 음악을 사용하기 전에 그 음악의 잠재력이 어떻게 영향을 미치는가에 대해 아는 것은 중요하다(p. 23).

이처럼 음악을 선곡할 때는 클라이언트를 고려한 임상적인 의도가 있어야 한다. 즉, 노래가 치료 과정에서 어떤 의미로 사용될 수 있는가를 고려하여야 한다. 예를 들어, 클라이언트의 노래에 대한 선호도는 어떠한지, 노래의 어떤 부분을 지나치게 싫어하지 않는지 혹은 유난히 집착하지 않는지 등을 고려하여야 한다. 또한 노래의 가사는 감정 전달에 중요한 역할을 하기 때문에 양질의 스테레오를 통해 음악을 듣는 것도 중요하다.

노래를 선곡할 때 고려할 요소를 구체적으로 살펴보면 다음과 같다(Gardstrom & Hiller, 2010).

첫째, 클라이언트의 특성을 고려하여야 한다. 즉, 클라이언트의 연령, 성숙도, 인지 수준 등을 고려하여야 한다. 치료사는 이러한 특성을 고려하여 클라이언트가 이해할 수 있는 정도의 가사를 가진 노래를 선택하여야 한다. 클라이언트의 성별 역시 중요한 요소가 될 수 있는데, 특히 학대를 받았거나 반대 성에 대한 혐오가 있는 경우는 신중하게 가수나 가사를 탐구하여 선택하여야 한다. 클라이언트가 선호하는 노래를 항상 선곡하는 것은 아니지만 선호도와 친숙함도 노래 선곡에서 고려해야 한다.

둘째, 가사의 특성을 고려하여야 한다. 치료사는 임상적으로 메시지를 전달할 수 있는 주제 음악을 선택하여야 한다. 예를 들어, 약물남용, 가족관계, 슬픔과 위로 등 클라이언트에게 이슈가 되는 가사를 가진 노래를 선곡하여야 한다 (부록 2. 정신건강 주제별 노래 목록 참조).

셋째, 반주의 특성을 고려하여야 한다. 사용된 악기의 특성, 긴장의 정도, 빠르기 등은 감정을 유발하는 데 많은 영향을 미치기 때문에 신중하게 고려해서 선택하여야 한다.

넷째, 치료의 단계를 고려하여야 한다. 치료의 초기단계라면 치료사는 전체적으로 지지적이며 안전하고 긍정적인 관계를 형성할 수 있는 곡을 선곡하며, 중기단계라면 내면의 어려운 이슈를 자극시킬 수 있는 곡을 선곡하는 것이 좋다. 치료의 마지막 단계에서는 보다 독립적이며 반영적인 통찰을 다룰 수 있는 곡을 선곡하는 것이 좋다.

다섯째, 노래 제공의 방법이다. 즉, 라이브로 제공할 것인지 또는 녹음음악으로 제공할 것인지를 고려하여야 한다. 라이브 음악으로 제공할 경우 클라이언트 반응에 즉각적으로 대처할 수 있다는 장점이 있지만, 노래에 집중되어 치료적인 이슈가 방해를 받을 수도 있다. 한편 녹음 음악을 제공할 경우 시간과 공간의 제한 없이 제공이 편이하고 다양한 버전의 노래를 제공할 수 있다는 장점이 있지만, 음악에 융통성이 없으며 완벽하게 몰입하기 어렵다는 단점이 있을 수도 있다.

② 치료사 질문

노래토론과 가사토의에서 중요한 것은 치료사의 질문이다. 질문은 깊이의 정도에 따라 세 가지 수준으로 진행될 수 있다. 첫 번째 수준은 가장 표면적이며 안전한 상황에서 하는 질문으로 주로 음악에 대한 질문으로 시작하는 것이 좋다. 즉, 치료사는 클라이언트가 선호하는 장르나 연주자 혹은 노래 가사를 좋아하는가에 대한 정보를 얻을 수 있다. 예를 들어, "이 음악의 어떤 점이 좋은가요?"

"이 가수(혹은 밴드)에 대해 어떻게 생각하세요?"라고 포괄적으로 질문한다.

　두 번째 수준에서는 클라이언트에게 음악이 어떤 의미인가를 탐구하는 질문을 한다. 예를 들어, 특히 자신에게 의미 있는 가사가 있는지, 있다면 어떤 부분인지, 가사 이외에 다른 의미가 있는지, 이 노래가 클라이언트의 삶에서 어떤 특정한 사람 혹은 사물을 생각나게 하는지에 대한 질문을 할 수 있다. 음악의 의미에 대한 질문은 클라이언트의 현재 상황 등을 알 수 있으며, 치료 상황에서 더욱 깊이 있게 탐구하기를 격려할 수 있다.

　세 번째 수준에서는 지금 현재 클라이언트의 삶에서 일어나고 있는 일과 노래의 의미를 연결하는 것과 관련된 질문이다. 예를 들어, 노래에서 지금 당신의 삶과 관련된 것이 있는지, 오늘 이 노래가 왜 그런 것을 생각나게 했는지, 이 노래가 당신에게 어떤 느낌을 가져왔는지, 이 노래를 들을 때 어떤 이미지 혹은 생각이 떠오르는지 등 보다 심화된 질문을 할 수 있다.

　클라이언트는 노래와 자신의 삶의 관련성에 대해 즉각적으로 말하는 것을 원하지 않을 수도 있다. 하지만 첫 번째, 두 번째 수준의 질문을 통해 점점 더 개인적인 질문으로 나아갈 수 있다. 또한 노래를 듣는 동안 클라이언트에게 유발되는 감정은 매우 중요하며, 치료사는 그 감정을 탐구하는 것도 중요하다.

　만약 집단으로 활동을 진행한다면 집단 구성원이 각자의 의견을 서로 교환할 수 있도록 치료사는 적절하게 중재하여야 한다. 예를 들어, 치료사는 이 노래에 대해 다른 사람은 어떻게 느끼는지, 이 노래에 대해 다른 의미가 있는지, 이 노래에 대해 다른 의견을 말할 사람이 있는지 등에 대해 적극적인 참여가 일어날 수 있도록 도움을 주어야 한다.

　집단으로 진행할 때 치료사는 지적하지 말고 자발적인 대화가 일어날 수 있도록 촉매 역할을 할 수 있어야 한다. 치료사가 특정한 사람을 지목하거나 클라이언트가 순서대로 이야기하는 것도 가능한 한 피하는 것이 좋다. 이러한 토의 과정에서 치료사에게 발생하는 역전이 또한 주의하여야 한다. 치료사 자신의 개인적인 이야기를 너무 많이 하기보다는 클라이언트가 참여하여 반응하도록 유도하는 것이 중요하다. 만약 대화가 더 이상 진행되지 않는다면, 치료사는 "음악이 어떻게 느껴지세요?"와 같은 질문을 함으로써 다시 음악에 대한 이야기로 돌아와 안전한 환경을 마련하는 것도 좋다.

토의가 다 끝난 후에 치료사는 각 사람의 도움에 대해 인정하며 고마움을 표현하여야 한다. 예를 들어, 집단에서 서로 이야기를 나누어 준 것에 대한 고마움을 표현하고 이 노래를 가져온 것에 대한 감사의 말을 전하는 것도 중요하다.

(3) 대상 및 적용

노래토론과 가사토의는 각 개인의 언어적인 대화와 통찰력이 중요하기 때문에 주로 청소년부터 성인까지를 대상으로 한다. 정신과 환자, 호스피스 환자, 트라우마를 경험한 클라이언트 혹은 약물환자와도 가능하다.

음악치료세션의 길이는 여러 가지 요인에 따라 달라질 수 있다. 만약 1시간 세션이면 2~3곡 정도를 토의할 수 있으며, 보통 1곡당 20~30분 정도 소요된다. 만약 한 세션에서 토의를 다 끝내지 못했다면 다음 시간에 할 것을 기약하며 세션을 마칠 수 있다.

이러한 노래토론은 사춘기 혹은 청소년(10~19세)을 대상으로 자신의 정체성을 확립하고, 표현하기 어려운 감정을 진실되게 표현할 수 있도록 도와주며 자기 통찰력, 신념이나 가치를 탐구하기 위해(Gardstrom, 1998; McFerran-Skewes, 2000, Yalom, 1995) 적용되었다. 친숙한 노래를 사용하여 이러한 발달단계에서 느낄 수 있는 외로움이나 소외감을 감소시키는 데도 유용하게 사용되어 왔다(Christenson & Roberts, 1998). 정신과 병동에서는 집단 구성원의 상호작용과 동질성을 확인하고(James & Freed, 1989) 질병과 관련된 불편함을 탐구할 수 있도록 도와줄 수 있다(Duey, 1991). 이 밖에도 다양한 심리치료 적용에 종종 사용되어 왔다(Gardstrom & Hiller, 2010).

2) 노래회상과 노래퇴행

노래회상song reminiscence은 노래를 들으면서 자신의 삶을 돌아보는 것으로서 현재를 시점으로 과거를 탐구하는 것이다. 한편 노래퇴행song regression은 특정 노래를 통해 자신의 과거의 삶을 재경험한다는 점에서 노래회상과 차이가 있다. 노래회상은 '노인 보호 센터에서의 음악music in geriatric care'에서 브라이트(Bright, 1972)에 의해 처음으로 설명되었다. 일반적으로 좋아하는 노래를 클라이언트와 함께 부른 후에 노래와 관련된 토의를 한다. 그러므로 클라이언트의 기능에 따라서 질문이 선택되어야 하는데, 주로 적용되는 질문은 다음과 같다. "이 노래에 대해 어떻게 생각하십니까?" "이 노래가 유행할 때 어떤 일이 있었나요?" "이 노래가 당신에게 주는 의미는 무엇입니까?" "이 노래를 들으면 어떤 중요한 일이 떠오르나요?"

노래회상은 특히 노인과 함께하는 음악치료 세션에서 적용되는 경우가 많은데, 곡을 선곡할 때는 클라이언트가 젊은 시절 즐겨 들었던 레퍼토리에서 선곡하는 것이 좋다. 왜냐하면 이런 노래는 회상을 하기에 충분하며 또한 친근하여 감정을 유발하기 쉽기 때문이다.

한편 노래 자서전musical autobiography은 노래회상의 한 기법이 될 수 있다. 노래 자서전은 한 개인의 삶에서 시기별로 자신에게 의미 있었던 노래를 생각하게 하는 것으로, 개인의 삶을 돌아볼 수 있다는 점에서 심리치료에 유용한 기법으로 사용할 수 있다. 노래 자서전은 말기 암 환자나 완화(호스피스) 병동 등에서 자신의 삶을 돌아보는 목적으로 종종 사용한다(O'Callaghan, 1984).

3) 노래 만들기

노래 만들기song writing는 치료 상황에서 노래를 사용하는 방법 중 하나로 많이 적용되어 왔다. 음악치료에서 노래 만들기는 치료사와 클라이언트가 함께with

하는 작업으로 클라이언트를 위해for 노래를 만드는 행위와는 조금 차이가 있다. 클라이언트를 위해 노래를 만드는 것이 치료사가 자신의 음악적 기술을 사용하여 클라이언트의 관심을 끌거나 치료적 목적을 위해 작곡하는 것이라면, 함께 만드는 노래는 노래를 만드는 과정과 결과 모두가 중시되는 치료로서의 음악이 될 수 있다.

이러한 노래 만들기는 자기표현 향상, 집단 응집력 증가, 통찰력 향상, 자신과 삶에 대한 이해 증가, 집단 간의 교류 향상, 창조성, 현실 인식, 문제해결력 증가 등의 목적으로 적용될 수 있다. 또한 노래를 만들고 해결하는 과정을 통해 성취감을 경험할 수 있으며, 자아성찰의 기회도 갖게 된다(O'Callaghan, 1996; Silverman, 2003).

노래 만들기에서 적용되는 기법은 클라이언트의 기능과 수준에 따라 간단한 가사 채우기fill in the blank부터 기존의 노래에 특정 부분의 가사나 멜로디를 바꾸는 가사 바꾸기, 전체 멜로디와 가사를 만드는 과정까지 다양하게 적용할 수 있다. 이 중 가사 채우기는 가장 간단한 방법으로 가사 속에 칸을 비워 놓고 클라이언트가 자신의 말로 바꾸어 부르는 것이다. 더욱 발전된 방법으로, 노래 패러디는 잘 알려진 가사 절을 자신의 말로 바꾸어 부르도록 하는 것이다.

이러한 노래 만들기는 아동이나 청소년에게 많이 적용되는데, 입원한 아동(Colwell, Davis, & Schroeder, 2005)이나 약물의존자(Freed, 1987; Silverman, 2003), 완화(호스피스) 병동의 환자(O'Callaghan, 1996) 등 다양한 대상에게 적용하고 있다.

4) 즉흥노래

(1) 개 요

즉흥노래song improvisation는 음악치료에서 치료사와 클라이언트가 즉흥적으로 노래 혹은 소리를 만들어 가는 과정을 의미한다. 즉흥적인 노래 혹은 소리가 심리치료에 적용될 수 있는 이유는 다음과 같다.

첫째, 자신이 만들어 내는 소리, 즉 노래는 가장 깊은 자아에 접근할 수 있는 방법이며, 호흡, 신체, 경험적 삶과 연결된다. 클라이언트는 자신의 감정에 따라 다른 소리를 만들어 낼 수 있다.

둘째, 노래를 통해 고통, 두려움, 분노로부터 평안을 찾을 수 있다. 호흡을 한다는 것은 들숨과 날숨을 통해 공기를 이동시키는 과정인데, 이를 위해서는 근육의 수축과 이완이 이루어져야 한다. 근육의 수축과 이완은 심리적인 이완과 수축으로 이어지며 안정감 있는 호흡을 통해 심리적인 안정감도 찾게 된다. 호흡을 활용한 토닝^{toning}은 모음을 중심으로 특정 음고를 유지하는 활동인데, 이는 톤을 유지하면서 신체를 공명하고 긴장된 몸에 진동을 제공하여 이완을 유도하고자 하는 것이다.

(2) 기 법

즉흥노래에는 두 가지 적용 기법이 있다. 즉, 발성지지기법^{vocal holding technique}과 자유연상 노래^{free association song}다.

먼저 발성지지기법은 안정적이고 지속적인 음악적 환경을 창조하여 정서적 연결과 자발성을 촉진하고자 하는 것이다. 방법은 두 개의 코드를 선택하여 지속적으로 반복하는데, 그 이유는 예측성, 안정성, 자발적 자아 출현을 위한 환경을 제공하기 위해서다. 이러한 코드의 선택은 클라이언트의 요구에 따라 달라질 수 있다.

발성지지기법은 대상관계 이론을 배경으로 하고 있다. 즉, 어릴 때 충분히 좋은 어머니를 경험하지 못한 클라이언트에게 과거 긍정적으로 경험하지 못한 어머니와 자녀와의 관계를 치료사와 클라이언트 관계를 통해 긍정적으로 재경험하도록 하는 것이다. 따라서 치료사는 충분히 좋은 어머니로서 클라이언트를 지지하고 반영해 주는 것이 필요하다.

즉흥노래의 치료 목적은 치료적 퇴행의 기회를 제공함으로써 자신의 무의식

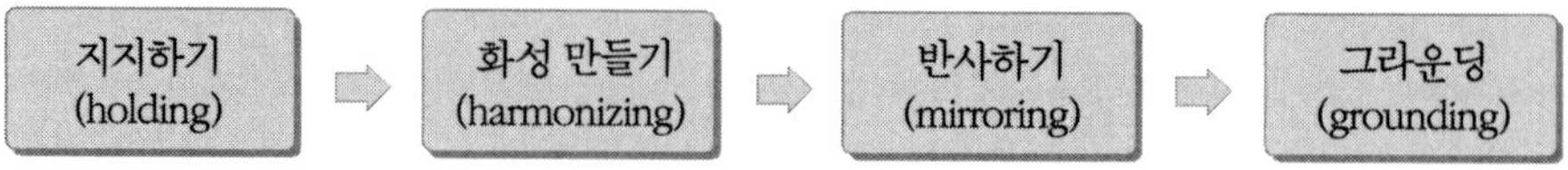

| 지지하기 (holding) | → | 화성 만들기 (harmonizing) | → | 반사하기 (mirroring) | → | 그라운딩 (grounding) |

[그림 6-5] 발성지지기법의 단계

적 기억에 접근하도록 도와주는 것이다. 이런 방법을 통해 어릴 때 어머니와의 관계에서 상처받은 아동은 음악을 통해 충분히 좋은 어머니를 경험함으로써 분열된 자아상을 회복할 수 있다.

발성지지기법은 총 4단계로 진행된다(Bruscia, 1998/2006)([그림 6-5] 참조).

첫째, 지지하기holding단계다. 즉, 치료사가 클라이언트와 유니슨unison으로 노래하는 단계다. 이 단계는 어릴 때 어머니와의 관계에서 상처를 받은 클라이언트에게 충분히 좋은 어머니를 경험할 수 있도록 도와주는 것이다. 함께 유니슨으로 노래하는 것은 관계 회복의 경험을 불러일으키며 긍정적 전이를 발생시킬 수 있다.

둘째, 화성 만들기Harmonizing 단계다. 즉, 클라이언트와 치료사가 화성을 맞추어 진행하는 단계다. 이 단계의 목적은 치료사와 클라이언트는 분리되었지만 여전히 화성 안에서 친밀감을 경험할 수 있도록 하는 것이다. 이때 치료사가 너무 어려운 화성이나 멜로디로 지지하는 것은 클라이언트로 하여금 거리감을 느끼게 하며 분리된 감정을 경험하게 할 수도 있다.

셋째, 반사하기Mirroring 단계다. 이 단계에서는 클라이언트는 자신의 목소리를 발견하지만 여전히 지지가 필요한 경우 적합하다. 치료사는 클라이언트의 멜로디 라인을 반복하면서 클라이언트의 자아 출현을 지지하고 격려한다. 특히 클라이언트의 개인성이 새롭게 나타날 때 중요하며, 자기애적 손상을 입은 환자는 가장 친밀한 사람을 치료사에게 전이하기도 한다. 자신의 필요에 따라 음악을 사용하거나 자신의 능력에 대한 제한 등에 의한 역전이가 치료사에게 발생하기도 한다.

넷째, 그라운딩Grounding 단계다. 이 단계에서 치료사는 클라이언트가 즉흥적으로 노래할 수 있도록 근음tonic으로 노래하며 베이스를 제공함으로써 클라이언트가 음악적 탐구를 마치고 돌아올 수 있는 환경을 제공한다. 즉, 클라이언트가 충분히 좋은 어머니를 경험하고 돌아올 수 있는 환경을 제공하는 것이다.

다음으로 즉흥노래 적용기법 중 두 번째 기법인 자유연상 노래free association는 즉흥적인 가사를 통해 클라이언트의 분열된 자아상을 인식하고 현실에서 접촉할 수 있도록 도와주는 것이다. 즉, 가사를 통해 의식의 세계와 접촉하도록 하는 것이다. 따라서 반복적인 리프riff창조가 핵심이 된다. 치료사는 성공적인 즉흥노래를 촉진하고 클라이언트에게 자기표현을 위한 안전하고 예측 가능한 환경을 제공하기 위해 구나 단어를 반복하도록 한다.

3. 감 상

음악치료에서 감상listening은 가장 많이 적용되는 방법이며 또한 수용적receptive 음악치료의 대표적 방법이라 할 수 있다. 음악심리치료에서 감상은 크게 두 가지 목적, 즉 긴장이완relaxation과 심상imagination을 촉진하기 위한 방법으로 종종 적용된다(〈표 6-1〉 참조). 감상은 수술 전 불안을 감소시켜 주거나 화상 환자를 드레싱할 때, 방사능 치료를 받을 때 등 의료 환경에서 환자를 돕기 위해 많이 적용하고 있다(Lathom-Radocy, 2002; Loewy, 1997; McCaffrey, 2008; Walker, 2012).

〈표 6-1〉 긴장이완을 위한 음악과 심상을 위한 음악 비교

긴장이완을 위한 음악	심상을 위한 음악
• 템포는 꾸준하고 지속적임.	• 템포 변화가 심함.
• 템포는 느림.	• 템포는 지배적으로 느리지만 빠른 음악으로 전환되는 부분이 있음.
• 지속적으로 2박자 혹은 3박자	• 2박자와 3박자 사이에서 변동이 있음.
• 멜로디 라인이 예측 가능하며 단계적 진행	

• 멜로디 구는 호흡의 들숨 날숨과 일치됨.	• 멜로디 라인이 도약적임. 예측 불가능함.
• 화음 구조는 협화음	• 하모니의 변화가 많으며 때로는 불협화음
• 주로 현악기와 목관악기(금관악기 타악기는 배제됨)	• 악기는 다양하게 사용. 두드러지지 않아도 타악기와 베이스 악기가 포함됨.
• 주로 레가토(느리게) 가끔 피치카토의 베이스 라인을 가진 레가토 멜로디가 효과적	• 레가토, 스타카토/피치카토, 마르카토 같은 강세와 강조가 포함됨.
• 다이나믹의 변화 적음.	• 다이나믹의 변화가 넓지만 갑작스럽거나 위협적으로 나타나지는 않음.
• 반복이 중요한 요소	
• 조직texture은 대체로 일관성 있음consistent.	• 조직은 변화적
• 지지적인 베이스 라인	• 베이스 라인은 변화적임.
• 멜로디, 리듬, 화성 안에서 예측적임.	• 멜로디, 리듬, 화성 안에서 예측성이 적음.

출처: Groke, D., & Wigram, T. (2007).

1) GIM심상음악치료

(1) 개 요

심상음악치료The Bonny Method of Guided Imagery and Music: GIM는 1970년대 초반 헬렌바니Helen Bonny에 의해 개발되었다. 정신적 외상을 갖고 있는 청소년을 돕기 위한 치료로 시작된 GIM은 미국음악과심상협회Association for Music and Imagery: AMI에서 다음과 같이 정의하고 있다.

"GIM은 여행자traveler가 정신적 · 정서적 · 신체적 · 영적으로 통합을 이루어 가는 것을 치료 목적으로, 특화된 일련의 클래식음악 프로그램을 사용하여 내면 경험이 역동적으로 전개되어 갈 수 있도록 자극하고 지속시키면서 클라이언트의 의식을 탐색해 가는, 음악이 중심이 되는 초월심리치료다."

(2) 과 정

GIM에서는 클라이언트를 여행자traveler로, 치료사를 안내자guide로 부른다. 클라이언트는 음악과 함께 내면을 탐구하는 여정을 떠나는 여행자이고, 치료사는 그 여정을 안내하는 가이드 역할을 담당하기 때문이다. GIM은 다음과 같은 네 가지 단계로 진행된다.

첫 번째, 준비prelude 단계다. 이 단계에서 클라이언트는 치료사와의 대화를 통해 세션에서 탐색할 주제를 정한다. 즉, 클라이언트는 현재 가지고 있는 어려움이나 자신이 자각하고 있는 신체적·심리적·사회적 문제 등을 함께 나누며 여행할 주제를 선정한다. 주제가 선정되면 치료사는 클라이언트의 현재 에너지와 감정 상태를 고려하여 음악 프로그램을 선정한다. 클라이언트에게 적합한 음악을 선곡하기 위해 치료사는 클라이언트가 현재 느끼는 감정과 내적 갈등을 해석하고 반영할 수 있어야 한다.

두 번째, 도입induction 단계다. 이 단계에서 치료사는 음악 없이 클라이언트가 신체적으로 충분히 편안하고 이완되어 비일상적인 상태Non Ordinary State: NOS에 머물 수 있도록 도와주어야 한다. 이때 NOS란 이성적 사고를 하는 일상적인 상태에서 벗어난 변형된 의식 상태로, 클라이언트가 보다 깊이 내면의 세계를 탐색하고 의미 있는 심상을 경험할 수 있게 하는 상태를 의미한다. 그러나 NOS는 최면과는 달리 모든 경험을 지각하고 기억한다. 음악이 시작되기 전 치료사는 여행할 주제를 말해 줌으로써 클라이언트가 여행 목적에 따라 심상 경험을 할 수 있도록 돕는다.

세 번째, 음악감상listening 단계다. 이 단계는 치료의 핵심 단계로서 치료사는 클라이언트가 음악에 집중하여 음악을 감상하는 동안 나타나는 모든 심상(시각적·촉각적·신체적·청각적 이미지)을 충분히 경험할 수 있도록 대화를 통해 지원하고 격려한다. 이때 치료사는 클라이언트가 음악과의 여정을 잘 경험해 나갈 수 있도록 함께 동행한다.

마지막, 마무리postlude 단계다. 이 단계에서 클라이언트는 음악과 함께 여정을 마친 후 자신이 경험했던 여행에 대한 심상과 느낌을 간직하게 된다. 음악이 끝난 후 클라이언트는 만다라를 그리거나 시, 동작, 악기연주 등을 하게 되는데, 이는 무의식적으로 경험한 것을 의식화하는 데 도움이 되기 때문이다. 이후 클라이언트는 치료사와의 토의를 통해 여행 주제와 자신이 경험한 심상과의 관련성을 찾아보며 그 의미를 찾게 된다. 이를 통해 클라이언트는 자신의 경험을 다각적으로 바라볼 수 있게 되고 잠재된 자기 가치와 존재에 대한 통찰력을 가지게 된다. 궁극적으로 클라이언트는 자신이 성찰한 문제에 대한 새로운 깨달음을 현재 자신의 상황에 적용하도록 지지받는다.

(3) 특 징

GIM의 핵심 철학은 치료 과정이 심리역동적이고 초월적인 측면 모두를 포함하며 이를 통해 확장된 인식 경험을 중요시한다는 것이다. 이때 중요한 치료적 매개체는 심상imagery과 음악music이 된다.

음악을 통해 만나게 되는 심상은 시각적 이미지뿐만 아니라 때로는 청각적 · 신체적 · 직관적 이미지 모두를 포함한다. 이 심상은 클라이언트 내면의 일부일 수도 있고, 문제해결을 위해 치료사와 함께하는 경험을 통해 얻게 된 이미지일 수도 있다. 이렇게 나타난 이미지는 클라이언트 자신의 현실과 연결하여 성찰하는 과정을 갖게 되며, 이를 통해 내적 갈등을 해소하고, 더 나아가 개인적 자유, 내적 방향성 그리고 책임감을 얻게 된다. 이를 통해 확장된 자기 인식 경험은 자기 통합을 통해 자아실현을 이루는 데 매우 중요하다.

클라이언트의 변형된 의식 상태에서 경험되는 음악은 클라이언트가 깊이 몰입할 수 있도록 이끌며 보다 생생하게 심상을 경험하게 한다. 클라이언트의 다층적인 내면을 자극하여 주제와 관련된 심상을 불러일으킬 수 있도록 초대하고 경험하도록 이끄는 역할을 한다. 또한 음악은 치료 목적을 이루기 위해 무의식에 갇혀 있던 것들을 분출시키는 자극제로 작용한다. 무의식에는 클라이언트의 과거 혹은 현재와 연관된 심상, 감정, 사고가 갇혀 있다. GIM은 클라이언트의 내면에 갇혀 있던 감정을 표출하고 자신의 '내면의 치료자Inner healer'와 만나게 함으로써 치유 과정을 갖는다.

음악과 함께하는 여정을 통해 GIM은 자아실현을 향한 수많은 가능성을 클라이언트에게 제공하므로, 심리치료와 상담 환경에서 중요하게 사용될 수 있다.

구체적으로, 클라이언트의 정신적 · 정서적 · 신체적 · 영적 건강을 통합할 뿐
만 아니라 보다 넓은 초월적인 정체성을 인식할 수 있는 기회를 제공하여 클라
이언트가 가지는 불안, 긴장감, 부정적 감정이나 피해의식 등을 감소시키거나
환경에 대한 적응력을 갖도록 돕는다.

　GIM은 임상 경험을 통해 그 효과성을 인증받은 음악 프로그램을 사용한다.
프로그램화된 음악은 다양한 감정 영역과 심리적 이슈에 따라 음악 선율의 흐
름, 다이나믹의 범위, 화성의 구조, 리듬, 연주 형태 등을 고려하여 선정된다.
음악 프로그램에서는 주로 고전음악을 사용하고 있는데, 이는 고전음악이 가
지는 정교함과 모호함, 은유적 상징성이 클라이언트가 좀 더 자유롭게 상상하
고 몰입할 수 있도록 지원하기 때문이다.

(4) 치료사의 역할과 적용

　GIM에서 치료사는 클라이언트가 음악과의 만남을 통해 자율적으로 자신의 심
상을 선택하고 경험해 나갈 수 있도록 돕는 안내자가 된다. 치료사는 클라이언트
가 음악과 만나 심상 경험에 몰입할 수 있도록 치료 환경을 잘 조성하여야 한다.
신뢰를 바탕으로 한 치료사의 존재감은 클라이언트가 자신의 여정을 통과하는
데 중요한 닻의 역할을 한다. 치료사는 회기에서 클라이언트가 음악을 감상하는
동안, 심상을 생생하게 경험하고 더 깊이 몰입하게 하며, 필요에 따라 강렬한 정
서적 반응을 할 수 있도록 잘 안내해야 한다. 또한 왜 이러한 심상을 경험했는지
에 대해 클라이언트가 현실과 연결하여 통찰을 해 나갈 수 있도록 도와야 한다.

　GIM 임상을 성공적으로 이끌기 위하여 치료사는 인격, 훈련, 책임의 세 가지
자격을 갖추어야 한다(Bonny, 1978). 치료사는 충분한 전문 훈련 배경을 가지고
있어야 하며, 전 과정에 대한 책임감을 갖고 임해야 하고, 무엇보다 인격적인
성숙이 필요하다. GIM은 일반 성인, 청소년뿐만 아니라 병원에서의 항암치료
를 받는 환자의 불안 및 스트레스 감소시키기 위해 적용되기도 한다(Skaggs,
1997; Wylie & Blom, 1986).

음악심리치료사의 자질과
윤리적 문제

음악을 좋아하는 C는 음악치료사가 되고자 한다. 하지만 음악을 좋아한다는 것
외에 음악치료사가 어떤 일을 하는지, 특히 음악심리치료사에게 어떤 자격과 능력
이 필요한지에 대해 자세히 알지 못한다. C는 음악치료사가 되기 위해 음악치료사
를 찾아가 어떤 자질이 필요한가에 대해 질문을 하게 되었다.

1. 자 질

음악심리치료사는 클라이언트의 심리적 문제에 접근, 해결하기 위해 음악을
사용하는 전문가로서 음악적 자질과 함께 치료에 관한 전문성을 가지고 있어야
한다. 즉, 클라이언트의 문제를 진단하고 평가할 수 있어야 하며, 이를 음악을
통해 변화시킬 수 있는 프로그램을 개발하고 적용할 수 있는 능력이 있어야 한
다. 이러한 전문성을 위해 음악심리치료사는 심리치료에 대한 이론뿐만 아니라
정신건강에 대한 이해, 증상에 대한 지식도 갖추어야 한다. 또한 음악심리치료

사에게는 전문성뿐만 아니라 다음의 개인적인 자질도 요구된다.

첫째, 음악심리치료사는 인간의 권리와 존엄성을 존중하는 태도를 갖추어야 한다. 음악치료사는 인간의 성, 인종, 종교를 넘어서 모든 인간에게 차별 없이 도움을 줄 수 있어야 한다. 이러한 태도를 위해 치료사는 먼저 자신을 성찰하고 존중하는 태도를 갖추어야 한다.

둘째, 음악심리치료사는 클라이언트를 공감할 수 있어야 한다. 공감은 단지 그 느낌을 이해하는 것이 아닌 클라이언트의 입장에서 함께 존재한다는 것이다. 음악치료사는 특히 음악을 통해 클라이언트와 함께 존재할 수 있어야 한다.

셋째, 음악심리치료사는 통찰력과 직관이 있어야 한다. 음악심리치료는 순간순간 역동적인 경험을 하게 된다. 이때 치료사는 매 순간 적절한 결정과 판단을 내려 음악을 적용할 수 있어야 하기 때문에 치료사는 클라이언트의 문제를 빠르고 정확하게 판단할 수 있는 음악적 민감성과 함께 통찰력과 직관을 가지고 있어야 한다.

넷째, 음악심리치료사는 창조성이 있어야 한다. 음악은 본질적으로 창의적이다. 따라서 음악심리치료사는 먼저 자신의 창조적 음악성을 개발하는 데 소홀히 하면 안 된다. 이를 통해 클라이언트의 창의성을 개발하도록 도와주며, 이러한 창의성은 문제를 해결하는 데 도움을 줄 것이다.

다섯째, 음악심리치료사는 음악적 전문성을 가져야 한다. 기타나 피아노 등을 능숙하게 연주할 수 있는 음악 기술과 함께 대중음악, 클래식, 재즈 등 다양한 음악 유형에 대해 이해해야 한다. 또한 음악을 유연하고 창조적으로 연주할 수 있어야 하며, 심미적 차원에서도 만족할 만한 수준으로 연주할 수 있는 능력을 갖추어야 한다.

2. 윤리적 문제

음악심리치료사는 종종 클라이언트 혹은 동료 치료사 등과의 사이에서 발생하는 윤리적인 문제들에 직면할 수 있으며 다음과 같은 딜레마를 경험할 수 있다.

- 사례 1: 클라이언트가 자주 치료사에게 전화를 걸어 조언을 간청한다. 그는 자신의 인생을 더 나쁜 방향으로 망칠까 봐 결정을 내리는 것이 두렵다고 한다. 혹시라도 이러한 클라이언트의 의존성은 누군가에게 필요한 사람이 되고 싶은 치료사의 욕구에 의해 증폭된 것은 아닐까?
- 사례 2: 학생과의 집단상담에서 한 학생이 가출을 계획하고 있다고 말했다. 치료사는 이미 집단 안에서 이야기된 것은 비밀보장이 된다고 말했었다. 그러나 비밀보장의 예외에 대해서 말하지 않은 치료사는 가출을 시도하는 학생에 대해 부모에게 말해야 할 것인지를 고민하게 되었다. 이 상황에서 그 학생이 치료사에게 조언을 얻길 원한다면 뭐라고 제안할 것인가?
- 사례 3: 인턴 상담사로서 매주 사례회의에 참석하고 있다. 식당에서 동료 인턴 상담자와 점심식사를 하고 있는데, 한 동료가 식당 안에 있는 사람들이 들을 수 있을 정도로 큰소리로 클라이언트의 이름과 세부 사항을 언급하며 사례에 대해 언급하기 시작한다. 이 상황에서 어떻게 할 것인가?

심리치료나 상담 외에도 의학, 간호, 사회사업, 심리학 등 질적 서비스를 제공하는 많은 직업군에서는 클라이언트를 보호하기 위한 윤리규범을 가지고 있다. 이러한 규준은 윤리적 딜레마를 갖게 하는 상황을 만났을 때 전문가로서 가장 최선의 행동을 할 수 있는 기준점을 제공하게 된다. 윤리규범은 치료사와 클라이언트의 이익을 위해 가능한 최선의 결정을 도와주기 위한 지침을 제공하는 것이며, 이는 기관에 따라 다양하다. 즉, 윤리규범은 기본적인 윤리 원칙으로서 문제를 해결하기 위해 도움을 구하는 클라이언트를 보호하는 한편, 치료사가 책임감 있게 행동하면서 윤리적 딜레마를 해결할 수 있는 기본 지침을 제공하는 것이다. 또한 치료사는 상담과 관련된 법 규정도 알고 있어야 한다. 법은 사회가 용인할 수 있는 최소한의 기준을 가지며 법적 효력을 갖기 때문이다.

많은 윤리적 규준은 다음과 같은 여섯 가지 기초적인 원칙을 강조한다. 즉, 자율성autonomy, 선행beneficience, 무해성nonmaleficence, 공정성justice, 성실fidelity, 정직veracity이다(Beauchamp & Childress, 1994; Kitchener, 1984; Meara, Schmidt, & Day, 1996).

첫째, 자율성은 다른 사람에게 해가 되지 않는 한도 내에서 클라이언트가 스스로 선택을 하고 결정할 권리를 허락하는 것을 말한다. 예를 들어, 클라이언트가 부모의 희망과는 다른 직업을 원할 때 치료사는 치료 과정을 통해 여러 가지 측면을 고려하고 평가하여 장래 직업을 선택한 클라이언트의 의사를 존중하고 결정을 지지한다.

둘째, 선행은 클라이언트를 돕고 성장을 촉진함으로써 긍정적인 변화를 주고자 하는 것을 의미한다. 오로지 돈을 벌기 위해 치료를 하거나 클라이언트의 복지에 대한 배려를 하지 않는 것은 이러한 원칙과 위배된다.

셋째, 무해성은 치료로서의 자신의 어떤 중재나 행동도 클라이언트에게 부주의하게 해를 끼치지 않도록 명확히 행동해야 한다는 것을 말한다. 이는 클라이언트의 비밀보장과 관련된다. 비록 클라이언트의 이름을 얘기하지 않았거나 클라이언트에게 상처를 주려는 의도가 없었을지라도, 치료사는 클라이언트에 대해 비밀정보를 누설한 결과로 발생한 문제에 대해 책임이 있다.

넷째, 공정성은 모든 사람을 위한 균등한 기호와 수단을 제공하는 공평성을 의미한다. 이는 서비스에 대한 대가나 혜택을 받지 않고, 자신의 시간 일부분을 할애하여 다른 사람을 도와주는 윤리적 책임감으로 해석될 수 있다. 예를 들어, 치료사는 클라이언트의 수입에 따라 치료비를 조정하여 받을 수 있다. 또한 봉사로서의 치료 활동은 훈련 기간뿐만 아니라 언제든 이루어질 수 있다.

다섯째, 성실은 약속을 지키는 등 신뢰관계를 이루어 가는 것을 의미한다. 치료 과정에서 동의한 것을 엄수하지 않으면 치료사와 클라이언트 간의 신뢰에 균열이 일어나 궁극적으로 의미 있는 변화로의 진전을 이룰 수 없게 된다.

여섯째, 정직은 치료사가 클라이언트에게 진실만을 말한다는 것을 의미한다. 이는 상담과 연구 모든 상황에서 마주칠 수 있는 딜레마에서 강력하고 필요한 원칙이 된다.

그러나 윤리적 딜레마를 다룰 때, 분명한 해답을 갖는다는 것은 쉽지 않은 일이다. 대부분의 문제는 복잡하고 다면적이며 의사결정 기술을 필요로 한다. 모든 윤리규범은 지침일 뿐이지 상황의 문제에 대한 명확한 답을 제공해 주는 것이 아니다. 그러므로 치료사는 윤리규범에 대해 잘 알고 있어야 할 뿐 아니라 많은 어려운 상황을 명확히 이해하여 해결해 나갈 수 있는 열린 마음을 가지고 있어야 한다. 또한 법령이나 윤리규범을 따르기 위해 치료사 자신의 행동에 제한을 두지 말고 최선의 치료 기준을 갖고 클라이언트에게 가장 좋은 것을 제공할 수 있는 민감성을 발달시키는 것이 더 중요하다. 이를 위해 다음의 내용을 고려할 필요가 있다.

첫째, 치료사 자신의 능력과 한계를 인식하는 것이 필요하다. 치료사가 자신의 능력을 벗어나 치료를 하는 것은 비윤리적이다. 따라서 어떤 클라이언트와 가장 잘 작업할 수 있는지를 알고, 적합한 의뢰 시점을 이해하는 것이 중요하다. 때로 치료사의 훈련이나 경험 영역을 넘어서 상담 전략을 제공하거나 클라이언트를 의뢰받는 경우가 생겼을 때에는 자신의 경험과 훈련의 한계 안에서 의사 표현하는 것을 배워야 한다. 자신의 능력을 향상시키기 위해서는 슈퍼비전과 지속적인 교육이 필요하다.

둘째, 심리치료를 시작하면서 치료사가 클라이언트의 권리와 책임감에 대해 교육하고 서면으로 동의받는 것이 중요하다. 서면 동의는 클라이언트가 치료 관계에서 능동적으로 참여할 수 있는 정보를 제공한다. 서면 동의 내용은 대부분 심리치료의 일반적 목표, 치료사의 책임 능력, 클라이언트의 책임, 비밀보장에 대한 한계와 기대, 관계를 규정할 법적/윤리적 기준, 치료사의 자격과 배경, 심리치료비, 클라이언트가 기대할 수 있는 서비스, 대략적인 치료 기간, 심리치료의 유익, 관련된 위험 및 클라이언트의 사례 활용 시 동의를 얻는 부분 등이 포함될 수 있다. 클라이언트를 교육하는 과정은 심리치료의 모든 과정을 통해 지속될 수 있는데, 적절한 정보 제공을 할 수 있는 치료사의 직관과 기술이 필요하다.

셋째, 비밀 유지는 클라이언트와 치료사의 신뢰 관계를 형성하는 데 매우 중요하다. 치료사는 심리치료 초기에 클라이언트와 함께 비밀 유지 내용과 목적, 한계에 대해 논의할 책임이 있다. 일반적으로 비밀 유지가 원칙이나 예외적인 경우가 발생할 경우, 치료사는 자신이 근무하는 기관과 클라이언트의 요구를 고려해야 한다. 일반적으로 클라이언트 자신이나 타인에게 심각한 해를 끼칠 경우 비밀 유지에 제한을 갖게 된다. 치료사는 비밀보장과 그 한계에 대한 어려움을 가질 수 있는데, 서면 동의를 통해 다음과 같은 비밀보장에 대한 관점을 클라이언트와 논의해 보는 것도 좋다(Herlihy & Corey, 1996).

- 상담 관계는 특정 환경을 제외하고는 비밀보장이 이루어져야 한다. 때로 클라이언트에게 가능한 최선의 서비스를 제공하기 위해 다른 사람과 정보를 공유하는 것은 가능하다.
- 비밀 정보는 클라이언트가 요청하거나 동의할 때 다른 전문가와 공유될 수도 있다.
- 비밀보장은 절대적이지 않고, 상담자의 서약에 우선되는 의무가 있을 수 있다. 예를 들어, 위험에 빠진 누군가를 보호하기 위해 비밀보장을 지킬 수 없게 된다.
- 클라이언트가 미성년자이거나 부부·가족·집단 상담일 때 비밀을 보장

할 수 없다.
- 만일 클라이언트의 기록이 소환된다면 비밀보장을 할 수 없다.

넷째, 클라이언트와 치료사가 두 가지 이상의 관계를 가질 때 여러 문제가 발생할 수 있다. 대표적인 예로, 교사와 치료사의 역할, 슈퍼바이저와 치료사의 역할이 합쳐진 것이다. 그 외에도 친구, 고용인, 친척의 치료, 이전의 클라이언트와 감정적 · 성적으로 접촉하기, 클라이언트와 가까운 인간관계 맺기 등이 있다. 현재의 윤리적 초점은 이러한 모든 이중 관계적이고 중다적인 관계를 금지하기보다는, 해로운 이용 가능성을 경계하는 데 있다. 이러한 이중 관계의 위험성을 최소화시키는 방법은 다음과 같다(Herlihy & Corey, 1997).

- 치료를 시작하면서 서면 동의를 통해 건전한 경계를 정한다. 이때 클라이언트의 의견을 적극적으로 반영한다.
- 예기치 않은 어려움을 만났을 때 객관성을 유지하고 점검할 수 있도록 동료에게 조언을 구한다.
- 이중 관계가 잠재적으로 문제가 되거나 부정적인 영향을 끼칠 수 있다고 생각할 경우 지도감독하에서 심리치료를 한다. 만일 법적 문제 등 문제가 심각해진다면 클라이언트를 다른 전문가에게 의뢰할 필요가 있다.
- 과정을 통한 자기탐색을 한다. 이중 혹은 중다 관계에 대한 치료사 자신의 동기와 욕구를 스스로 점검하는 것이 좋다.

다섯째, 심리치료의 궁극적인 목적은 클라이언트가 스스로 돕는 법을 알아서 자립하게 하는 것이다. 클라이언트의 의존성을 조장하는 것은 비윤리적으로 클라이언트의 힘을 이끌어 내지 못하게 한다. 또한 동료 치료사의 비윤리적 행동을 다루는 것을 아는 것도 중요하지만, 정직한 자기 탐색을 통해 치료사 자신의 비윤리적 행동이 있는지에 대해 인식하는 것은 매우 중요하다.

♪ 2부 참고문헌

김계현(2002). 카운슬링의 실제. 서울: 학지사.

송인령(2008). 우울증 성인을 위한 MI(Music & Imagery) 치료사례. 음악치료교육연구, 5(1), 61-83.

오정숙(2002). 심상유도음악(GIM)프로그램이 중년주부의 우울감 감소에 미치는 영향. 이화교육논총, 12(1), 503-518.

이난복(2010). 침잠의 시기에서 성숙의 시기로-가정폭력 피해여성의 그룹 심상유도치료경험에 대한 현상학적 연구-. 한국음악치료학회지, 12(1), 41-65.

정현주(2011). 인간행동과 음악: 음악은 왜 치료적인가. 서울: 학지사.

Aigen, K. (1998). *Paths of development in Nordoff-Robbins music therapy*. Phoenixville, PA: Barcelona.

Aigen, K. (2009). Verticality and containment in song and improvisation: An application of schema theory to Nordoff-Robbins Music Therapy. *Journal of Music Therapy, 46*(3), 238-267.

Aldridge, G., & Aldridge, D. (2009). *Melody in music therapy*. London: Jessica Kingsely Publishers.

Aldridge, G. (1999). The development of melody: Four hands, two minds, one music. In D. Aldreige (Ed.), *Music Therapy info CD-ROM* (Vol. 2, p. 13). Herdeke: Written Herdecke University.

Aldridge, D. (2000). *Music therapy research and practice in medicine: From out of the silence*. London: Jessica Kingsley Publishers.

American Counselling Association. (1995). *Code of ethics and standards of practice*. Alexandria, VA: Author.

American Psychological Association. (1995). *Ethical principles of psychologists and code of conduct*. Washington, DC: Author.

Amir, D. (1996). Music therapy-holistic model. *Music Therapy, 14*(1), 44-60.

Ansdell, G. (1995). *Music for life. Aspect of creative music therapy with adults clients.* London: Jessica Kingsley Publishers.

Beauchamp, T. L., & Childress, J. E. (1994). *Principles of biomedical ethics* (4th ed.). New York: Oxford University Press.

Bonny, H. L. (1978). *Facilitating Guided Imagery and Music Session* (GIM Monograph No. 1). Baltimore: ICM Books.

Bonny, H. L. (2001). Music and Spirituality. *Music Therapy Perspectives, 19*(1), 59-62.

Boutcher, S. H., & Trenske, M. (1990). The effects of sensory deprivation and music on perceived exertion and affect during exercises. *Journal of Sport & Exercises Psychology, 12*(2), 167-176.

Brennan, F. X., & Charnetski, C. J. (2000). Stress and immune system function in a newspaper's newsroom. *Psychological reports, 87,* 218-222.

Bruscia, K. E. (1998). 음악치료의 즉흥연주 모델 (강준자 역). 파주: 양서원. (원저는 1987년 출판)

Bright, R. (1972). *Music in geriatric care.* Sydney: Angus & Robertson.

Bruscia, K. E. (2003). 음악치료 (최병철 역). 서울: 학지사. (원저는 1998년 출판)

Bruscia, K. E. (2006). 음악심리치료의 역동성 (최병철, 김영신 공역). 서울: 학지사. (원저는 1998년 출판)

Bryant, D. R. (1987). A cognitive approach to therapy through music. *Journal of Music Therapy, 24*(1), 27-34.

Bush, C. A. (1995). *Healing imagery and music.* Portland, OR: Rudra Press.

Colwell, C. M., Davis, K., & Schroeder, L. K. (2005). The effect of composition(Art or music) on the self-concept of hospitalized children. *Journal of Music Therapy, 42*(1), 49-63.

Corey, G. (2003). 심리상담과 치료의 이론과 실제 (조현춘, 조현재 공역). 서울: 시그마프레스. (원저는 2001년 출판)

Corey, M. S., & Corey, G. (2004). 좋은 상담자 되기 (이은경, 이지연 공역). 서울: 시그마프레스. (원저는 2003년 출판)

Christenson, P., & Roberts, D. (1998). *It's not only rock n'roll.* Creskill, NJ: Hampton

Press.

Diss, C., & Michell, L. (2012). A musical analysis of how Mary Priestley implemented the techniques she developed for analytical music therapy. unpublished doctorial dissertation. Temple University, philadelphia

Duey, J. (1991). Group music therapy for women with mutiple persnalities. In K. Bruscia (Ed.) *Case studies in music therapy* (pp. 513-528). Phoenixvilie, PA: Barcelona.

Elliot, D. (1995). *Music matters. A new philosophy of music education.* New York: Oxford University Press.

Elliott, C. A. (1986). *Rhythmic phenomena-Why the fascination?.* Princeton, NJ: Princeton University Press.

Ellis, A., & Grieger, R. (1977). *Handbook of rational emotional therapy.* New York: Human Sciences.

Freed, B. (1987). Songwriting with the chemically dependent. *Music Therapy Perspectives, 4*(1), 13-18.

Frisch, A. (1990). Symbol and structure: Music therapy for the adolescent psychiatric inpatient. *Music Therapy, 9*(1), 16-34.

Gaston, E. T. (1968). *Music in Therapy.* New York: The MacMillan Company.

Gardstrom, S. C. (1998). Music therapy with juvenile offenders. In Wilson, B. (Ed.), *Models of music therapy intervention in school settings*, (2nd ed.) (pp. 183-195). Silver Spring, MD: American Music Therapy Association.

Gardstrom, S., & Hiller, J. (2010). Song discussion as music psychotherapy. *Music Therapy Perspectives, 28*(2), 147-156.

Grocke, D., & Wigram, T. (2007). *Receptive methods in Music Therapy: Techniques and clinical applications for music therapy clinicians.* educators and students. London: Jessica Kingsley Publishers.

Hadley, S. (1998). Exploring the relationship between life and work in music therapy, the story of Mary Priestley and Clive Robbins. Unpublished doctorial dissertation, Temple University, Philadelphia.

Hass, R., & Brandes, V. (2013). 음악 그 이상의 음악 (황은영, 김은영, 이화진 공역). 경기: 교육과학사. (원저는 2009년 출판)

Hevner, K. (1939). Studies of expressiveness in music. *Proceeding of the Music Teachers National Association*, 199-217.

Herlihy, B., & Corey, G. (1996). *ACA ethical standards casebook* (5th ed.) Alexandria, VA: American Counseling Association.

Herlihy, B., & Corey, G. (1997). *Boundary issues in counseling: Multiple roles and responsibilities.* Alexandria, VA: American Counseling Association.

Hill, C., & O'Brien, K. (2012). 상담의 기술 (주은선 역). 서울: 학지사. (원저는 1999년 출판)

Hughes, C. W. (1948). *The human side of music.* New York: Philosophical Library.

James, M., & Freed, B. (1989). A sequential model for developing group cohesion in music therapy. *Music Therapy Perspectives, 7*(1), 27-34.

Kendzierski, D., & DeCarlo, K. J. (1991). Physical activity enjoyment scale: Two validation studies. *Journal of Sport & Exercises Psychology, 13*(1), 50-64.

Kitchener, K. S. (1984). Intuition, critical evaluation and ethical principles: The foundation for ethical decisions for counseling psychology. *The Counseling Psychologist, 12*(1), 43-55.

Lathom-Radocy, W. (2002). *Pediatric Music Therapy.* Springfield, IL: Charles Thomas Publications.

Lee, C. (1996). *Music at the edge. The music therapy experiences of musician with AIDS.* London: Routledge.

Lee, C. (2001). The supervision of clinical improvisation in aesthetic music therapy: A music-centered approach. In M. Forinash (Ed.), *music therapy supervision* (pp. 247-270). NH: Barcelona Publishers.

Lillian, E. (2007). Changes in images, life events and music in analytical music therapy A reconstruction of mary priestley's case study of "curtis". *Qualitative Inquires in Music Therapy, 3*(1), 1-30.

Logis, M., & Turry, A. (1999). Singing my way through it. In J. Hibben (Ed.) *Inside music therapy: Client Experiences* (pp. 97-117). NH: Barcelona Publishers.

Loewy, J. (1997). *Music therapy and pediatric pain.* Cherry Hill, NJ: Jeffrey Books.

Mankin, L., Wellman, M., & Owen, A. (1979). *Prelude to musicianship.* New York: Holt, Rinehart, & Winston.

Maultsby, M. C. (1977). Combining music therapy and rational behavior therapy. *Journal of Music Therapy, 14*(1), 89-97.

McCaffrey, R. (2008). Music listening: Its effects in creating a healing environment. *Journal of Psychosocial Nursing, 46*(10), 39-44.

McFerran-Skewes, K. (2000). From the mouths of babes: The response of six younger, bereaved teenagers to the experience of psychodynamic music therapy. *The Australian Journal of Music Therapy, 11*(1), 3-22.

Meara, N. M., Schmidt, L. D., & Day, J. D.(1996). Principles and virtues? A foundation for ethical decisions Policies, and character. *The Counseling Psychologist, 24*(1), 4-77.

Merriam, A. P. (1964). *The anthropology of music.* Evanston, IL: Northwestern University Press.

Neugebauer, L. (1999). Meeting Edward-thoughts on case study material at different stages of a professional life. *Nordic Journal of Music Therapy, 8*(2), 200-203.

Nolan, P. (2005). Verbal processing within the music therapy relationship. *Music Therapy Perspectives, 23*(1), 18-28.

Nordoff, P., & Robbins, C. (2007). *Creative music therapy: A guide to fostering clinical musicianship.* Gilsum, NH: Barcelona.

O'Callaghan, C. C. (1984). Musical profiles of dying patients. Bulletin, Australian Music Therapy Association.

O'Callaghan, C. C. (1996). Lyrical themes in song written by palliative care patients. *Journal of Music Therapy, 33*(2), 74-92.

Pavlicevic, M. (1990). Dynamic interplay in clinical improvisation. *Journal of British Music therapy, 4*(2), 5-9.

Pavlicevic, M. (2001). A Child time and health. *Journal of British Music Therapy, 15*(1), 14-21.

Pavicevic, M., Trevarthan, C., & Duncan, J. (1994). Improvisational music therapy and the relationship of persons suffering from chronic schizophrenia. *Journal of Music Therapy, 31*(2), 86-104.

Priestley, M. (1975). *Music Therapy in action.* St. Louis: Magnamusic-Baton.

Pothoulaki, M., Macdonald, R., & Flowers, P. (2012). An interpretative phenomenological analysis of an improvisational music therapy program for cancer patients. *Journal of Music Therapy, 49*(1), 45-67.

Rider, M. S. (1997). *The rhythmic language of health and disease.* Saint Louis: MMB Music.

Rosing, H. (1997) Musik und Emotion-Musikalische Audrucksmodelle. In H. Bruhn & I. Stravinsky (Eds.), *Poestics of music.* New York: Vintage Books.

Robarts, J. (2006). Music therapy with sexually abused children. *Clinical Child Psychology and Psychiatry, 11*(2), 249-269.

Schmid, W., & Aldridge, D. (2004). Active music therapy in the treatment of multiple sclerosis patients: A matched control study. *Journal of Music Therapy, 41*(3), 225-240.

Sears, W. (1968). Processes in music therapy. In. E. T. Gaston (Ed.), *Music in therapy* (pp. 30-44). New York: Macmillan Co.

Silverman, M. J. (2003). Music therapy and clients was are chemically dependent: A review of literature and pilot study. *The Arts in Psychotherapy, 30*(5), 273-281.

Skaggs, R. (1997). The Bonny method of guided imagery and music in the treatment of terminal illness: A private practice setting. *Music Therapy Perspectives, 15,* 39-44.

Soshensky, R. (2001). Music therapy and addiction. *Music Therapy Perspectives, 19*(1), 45-52. Boulder, CO: Sounds true.

Stevens, C. (2012). *Music Medicine: The science and spirit of healing yourself with sound.* Boulder, CO: Sounds true.

Trauger-Querry, B., & Haghighi, K. R., (1999). Balancing the focus: Art & music therapy for pain control and symptom management in hospice care. *The Hospice Journal, 14*(1), 25-28.

Thaut, M. H. (1999). *Training manual of neurologic music therapy*. Colorado State University: Center for Biomedical Research in Music.

Walker, J. (2012). Healing with music. Healthcare Traveler, November. http://healthcaretraveler.com.

Wylie, M. E., & Blom, R. C. (1986). Guided Imagery and Music with hospice patients. *Music Therapy Perspectives, 3*(1), 25-28.

Wininger, S. R., & Pargman, D. (2003). Assessment of factors association with exercise enjoyment. *Journal of Music Therapy, 40*(1), 57-73.

Yalom, I. (1995). *The theory and practice of group psychotherapy* (4th ed.). New York: Basic Books.

제3부

MUSIC THERAPY

음악심리치료 활동

정신건강 영역별, 대상별로 음악심리치료 활동을 소개한다.
또한 여러 가지 음계와 모드를 활용한 활동을 소개한다.

☕ 활동 목록

활동	번호	제목	음악중재	대상	페이지(삽입)
정서	1	내 마음의 소리	음악감상	성인	
	2	꽃보다 아름다워	음악 만들기	노인	
	3	노래로 본 내 인생	노래 부르기	노인	
	4	무지개 구름 타고	즉흥연주	아동	
	5	아, 시원해	악기연주	청소년(개별)	
	6	여행을 떠나요	노래 부르기	노인	
	7	옛날에 금잔디	악기연주	노인	
	8	음악의 힘을 느껴 보아요	악기연주	아동, 청소년, 성인	
	9	이렇게 다양해요	악기연주	청소년, 성인	
	10	Stop & Go	즉흥연주(드럼)	아동, 청소년, 성인(집단)	
인지	11	나만의 소리 만들기	즉흥연주(성악)	청소년, 성인	
	12	나는 잘해요	리듬 챈트 게임	아동	
	13	내 인생의 드라마	즉흥연주(기악)	성인	
	14	노래로 만나는 세상	노래회상	성인	
	15	요술램프	리듬 챈트	아동, 청소년	
	16	내 인생의 음악 자서전	노래회상	호스피스 환자	
	17	좋은 친구란	작곡	청소년	
	18	통증이 줄어들었어요	음악감상	통증 환자	
	19	20년 후	음악감상	청소년	
	20	힘들 땐 노래해요	노래 부르기	청소년, 성인	

활 동	번 호	제 목	음악중재	대 상	페이지(삽입)
행 동	21	거울놀이	음악과 동작	부적절한 행동을 보이는 아동(개별)	
	22	기다려 주세요	악기연주	아동(ADHD)	
	23	신나게, 즐겁게, 자신 있게	악기연주(드럼)	인터넷 중독자	
	24	이별편지 쓰기	음악 만들기	알코올 의존성 환자 집단	
	25	젓가락행진곡	악기연주	아동, 청소년	
	26	함께하면 좋을 거야	악기연주	아동(ADHD)	
	27	Middle Eastern Idiom	악기연주	아동, 청소년	
	28	Music and Dream	음악감상	수면 조절이 어려운 사람	
	29	소리를 내 봐요	노래 부르기	트라우마로 침묵하는 사람	
	30	즐거운 연주	악기연주	과잉행동을 보이는 아동	
관 계	31	나를 이해해 주세요	분석적 즉흥연주	아동, 청소년(개별)	
	32	그땐 그랬지	노래 부르기	노인	
	33	우리 가족 멜로디	음악 만들기	가족	
	34	리듬 비타민	악기연주	아동, 청소년, 성인	
	35	마음을 모아	즉흥연주(악기)	성인, 노인	
	36	멋진 오케스트라	악기연주	아동(집단)	
	37	무슨 소리일까요	즉흥연주(악기)	청소년, 성인(집단)	
	38	우리의 이야기	음악 만들기	청소년(집단)	
	39	타인의 감정 인식	즉흥연주	아동, 청소년(집단)	
	40	함께 만드는 음악 세계	즉흥연주	아동, 청소년	

정 서

 활동 1 내 마음의 소리

♪ **대상:** 성인

♪ **치료목적:** 자신의 감정을 객관화하고 내면의 소리를 듣는다.

♪ **음악중재:** 음악감상

♪ **단계별 방법:**

1) 복식호흡을 천천히 하면서 긴장을 이완할 수 있도록 한다(3~5회).

2) 조용히 주변에서 나는 소리들에 집중하도록 한다.

3) 편안한 이완 상태가 되면 준비된 음악을 적극적으로 감상한다(이때 치료사는 클라이 언트가 음악에 집중할 수 있도록 조용한 환경을 제공한다).

4) 음악을 감상한 후 경험한 것을 이야기한다.

♪ **소요시간:** 30~40분

♪ **도구:** CD, CD 플레이어, 배경음악(스윗 피플⟨A Wonderful day⟩, 차이콥스키⟨우울한 세레나데⟩)

♪ **고려사항:** 어떤 감정이라도 느껴지는 그대로에 충분히 머무르게 하면서 클라이언트 스 스로가 자연스럽게 음악에 따라 나타나는 경험에 머무를 수 있도록 지원해 준다.

정
서

 활동 2 꽃보다 아름다워

♪ 대상: 노인
♪ 목적: 자신의 인생에서 가장 좋았던 시절을 기억하며 긍정적인 감정을 회상하고 재경험
   한다.
♪ 음악중재: 음악 만들기
♪ 단계별 방법:

   1) 〈사람이 꽃보다 아름다워〉 노래를 들어 본다.
   2) 자신의 인생에서 아름다웠던 때를 기억하고 이야기해 본다.
   3) 주제 노래(〈사람이 꽃보다 아름다워〉)를 함께 불러 본다.
   4) 솔로 부분을 자신의 말로 이야기한다.
   5) 집단원은 후렴 부분을 함께 노래한다.

               〈후렴 가사〉
               누가 뭐래도(누가 뭐래도)
               사람이 꽃보다 아름다워
               이 모든 외로움 이겨 낸
               바로 그 사람
               누가 뭐래도(누가 뭐래도)
               그대는 꽃보다 아름다워
               노래의 온기를 품고 사는
               바로 그대 바로 당신
               바로 우리 우린 참사랑

♪ 소요시간: 30~40분
♪ 도구: CD, CD 플레이어
♪ 고려사항: 집단원의 분위기를 긍정적 분위기로 향상시키기 위해 에그셰이커 같은 악기
   를 연주하며 부를 수 있다.

활동 3 노래로 본 내 인생

♪ **대상**: 노인

♪ **치료목적**: 인생을 회고하며 그 시절의 감성을 경험하고 느껴 본다.

♪ **음악중재**: 노래 부르기

♪ **단계별 방법**:

1) 어린 시절, 청년 시절 등 자신의 인생을 주기별로 구분하여 어떤 일이 있었는지 질문하고 이야기 나눈다.
2) 각 시기별로 기억에 남는 노래를 떠올린다.
3) 노래와 관련된 사건을 이야기 하고 그때의 느낌을 함께 나눈다.
4) 선택한 노래를 함께 불러 본다.
5) 오늘 활동을 한 후 느낌이나 생각을 이야기한다.

♪ **소요시간**: 30~40분

♪ **도구**: 각 시기별 적절한 질문 목록은 다음과 같다.

> 어린 시절: 고향은 어디인가요?
>
> 학창 시절: 어떤 선생님이 기억나시나요?
>
> 청년기: 결혼에 대해……
>
> 중년: 어떤 일을 하셨는지……
>
> 노년: 하고 싶은 일이 있는지……

♪ **고려사항**: 노래가 떠오르지 않으면 목록에서 선곡할 수 있게 치료사는 클라이언트의 연령을 고려하여 연도별로 노래를 미리 준비한다.

활동 4 무지개 구름 타고

♪ **대상**: 아동

♪ **목적**: 즐거운 상상을 통해 위축된 기분을 고양시킨다.

♪ **음악중재**: 즉흥연주

♪ **단계별 방법**:

1) Whole-tone scale(〈악보 1〉 참조)로 조율된 두 대의 실로폰을 준비한다.

2) 지금 현재 기분이 어떠한지 이야기 나눈다.

3) 만약 무지개 구름을 탄다면 기분이 어떠할지 상상해 본다.

4) 기분을 치료사와 함께 한 대의 실로폰으로 함께 즉흥연주한다.

5) 연주 후 느낌을 다시 이야기한다.

6) 그 느낌을 두 대의 실로폰으로 즉흥연주한다(이때 치료사는 아동이 긍정적 경험을 할 수 있도록 이끈다).

7) 아동은 실로폰으로 연주하고, 치료사는 피아노로 지지해 준다.

〈악보 1〉 **Whole-tone scale**

＊ whole-tone scale이란 온음음계로 각 음과의 사이가 온음으로 구성되어 있는 것을 말한다. 환상적 · 몽환적 분위기를 연출할 때 종종 사용된다.

♪ **소요시간**: 30~40분

♪ **도구**: 실로폰

 **활동 5** 아, 시원해

♪ **대상:** 청소년(개별)

♪ **치료목적:** 부정적인 감정을 긍정적인 감정으로 전환한다.

♪ **음악중재:** 악기연주

♪ **단계별 방법:**

1) 스트레스받은 상황을 이야기하고 그 기분을 표현하는 연주를 자유롭게 한다.
2) 치료사는 노래(〈악보 2〉 참조) 안에서 클라이언트가 충분히 그 감정을 표출할 수 있도록 도와준다.
3) 연주 후 느낌을 토의한다.
4) 다시 그 상황이 왔을 때 부정적인 감정을 긍정적인 감정으로 전환할 수 있는 '나만의 상징'을 만든다. '나만의 상징'은 노래, 동작, 악기연주 어떤 것이라도 좋다.

〈악보 2〉 **화가 나요**

작사·작곡: 이유진

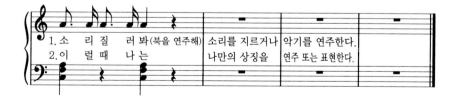

♪ **소요시간:** 30~40분

♪ **도구:** 다양한 리듬 악기(패들드럼, 귀로, 핑거심벌즈, 탬버린, 오션드럼 등)

♪ **고려사항:** 청소년이 부담 없이 자연스럽게 참여할 수 있도록 한다.

정
서

 활동 6 **여행을 떠나요**

♪ **대상:** 노인(집단)

♪ **목적:** 음악과 함께하는 상상을 통하여 즐거운 감정을 표현한다.

♪ **음악중재:** 노래 부르기

♪ **단계별 방법:**

　1) 〈여행을 떠나요〉 노래를 같이 부른다.

　2) 한 사람씩 자신이 여행가고 싶은 곳을 말한다.

　3) 여행에서 좋은 추억이 있으면 함께 이야기한다.

　4) 여행 가서 하고 싶은 것에 대해 이야기한다.

　5) 그곳에서의 즐거운 기분을 상상하며 다 같이 노래한다.

　6) 활동 후 느낌을 이야기한다.

♪ **소요시간:** 30~40분

♪ **도구:** 리듬악기(마라카스, 카바사 등)

♪ **고려사항:** 즐거운 기분을 상상하면서 다양한 리듬악기를 함께 연주할 수 있다(마라카스,
카바사 등).

활동 7 옛날에 금잔디

♪ **대상:** 노인(집단)

♪ **목적:** 예전에 함께했던 사람(가족, 친구 등)에 대한 기억을 떠올리며 편안하고 안정된 환경에서 음악을 통한 정서적 지지를 받는다.

♪ **음악중재:** 악기연주

♪ **단계별 방법:**

1) 〈옛날에 금잔디〉 노래를 함께 부른다.
2) 노래를 부르면서 생각나는 사람 이름을 가사의 '메기' 부분에 넣어 불러 본다.
3) 그 사람에 대한 느낌을 이야기한다.
4) 노래를 부르며 톤차임으로 화음 연주를 한다.
5) 활동 후 느낌을 이야기한다.

♪ **소요시간:** 30~40분

♪ **도구:** 톤차임

♪ **고려사항:** 사람에 대한 즐겁고 편안한 기분을 느낄 수 있는 긍정적인 상상을 할 수 있도록 한다.

정
서

 활동 8 음악의 힘을 느껴 보아요

♪ **대상:** 아동, 청소년, 성인(집단)

♪ **목적:** Spanish Idiom이 주는 심리적 다이나믹을 느낀다.

♪ **음악중재:** 악기연주

♪ **단계별 방법:**

1) 치료사가 Phrygian mode로 연주를 시작한다(〈악보 3〉참조).

2) Spanish Idiom으로 바꾸어 연주한다(〈악보 4〉참조).

3) 클라이언트는 Spanish Idiom이 나오면 캐스터네츠나 북으로 자유롭게 연주한다(〈악보 5〉참조).

4) 치료사는 Phrygian mode와 Spanish Idiom을 반복한다.

5) 연주 후 느낌을 나눈다(특히 Spanish Idiom이 나올 때의 느낌).

♪ **소요시간:** 30~40분

♪ **도구:** 캐스터네츠, 북

〈악보 3〉 **Phrygian mode**

＊ Phrygian mode는 단조의 느낌을 주며, 도전적인 느낌을 준다. 프리지안 모드는 단화음인 으뜸화음(미-솔-시)의 3음을 반음 올려 장화음(미-솔#-시)으로 만들어 스패니시 모드 특유의 멜로디와 코드를 만든다. 〈악보 4〉, 〈악보 5〉는 스페인 음악의 느낌을 주는 관용적 패턴이다.

〈악보 4〉Spanish Idiom

〈악보 5〉클라이언트 연주 부분

♪ 고려사항:

- 치료사는 〈악보 3〉 프리지안 모드로 연주하다 'Spanish Idiom'을 연주한다.
- 치료사가 〈악보 5〉 부분을 연주할 때 클라이언트는 캐스터네츠 연주를 한다.
- 〈악보 4〉는 〈악보 3〉과 〈악보 5〉의 연결 역할을 한다.
- 연주를 준비하거나 캐스터네츠 연주를 마무리할 여유를 준다.

정
서

 활동 9 **이렇게 다양해요**

♪ **대상:** 청소년, 성인

♪ **치료목적:** 한 가지 감정 안에 숨겨진 다양한 감정을 탐구한다.

♪ **음악중재:** 악기연주

♪ **단계별 방법:**

1) 일상생활에서 경험한 감정에 대해 이야기를 나눈다.

2) 오늘 탐구할 감정(슬픔, 분노, 억울함, 짜증, 질투)을 한 가지 선택한다.

3) 선택한 감정에 맞는 악기를 골라 느낌을 표현한다.

4) 선택한 감정 안에 포함된 다양한 감정에 대해 생각해 보고 이야기한다.

5) 활동 후 느낌을 이야기한다.

♪ **소요시간:** 30~40분

♪ **도구:** 리듬악기, 벨 등

♪ **고려사항:** 한 가지 감정 안에 다양한 감정을 탐구할 수 있도록 격려하고 지지한다.

활동 10 Stop & Go

♩ **대상:** 아동, 청소년, 성인(집단)

♩ **치료목적:** 생활에서 발생하는 부정적인 감정을 조절한다.

♩ **음악중재:** 즉흥연주(드럼)

♩ **단계별 방법:**

1) 여러 가지 드럼 소리를 자유롭게 탐색한다.

2) 한 사람이 나와서 자신이 표현하고 싶은 부정적 감정(분노, 우울, 무관심, 미움, 불안 등)을 얘기하면, 그에 따라 집단원은 즉흥적으로 그 감정을 연주한다.

3) 2)의 상황에서 앞에 나온 사람이 'Stop'이라고 외치면 다 같이 멈춘다('Go'라고 외치면 같이 연주한다).

4) 한 명씩 나와서 2), 3)을 반복한다.

5) 활동 후 느낌을 이야기한다.

♩ **소요시간:** 30~40분

♩ **도구:** 드럼 종류(패들드럼, 핸드드럼, 봉고드럼 등)

♩ **고려사항:** 앞에 나온 사람이 큰 소리로 자신감 있게 'Stop'이라고 말할 수 있도록 지원한다.

인 지

 활동 11 **나만의 소리 만들기**

♪ **대상:** 청소년, 성인(집단)

♪ **치료목적:** 자신만의 목소리를 통해 자신에 대한 인식을 넓힌다.

♪ **음악중재:** 즉흥연주(성악)

♪ **단계별 방법:**

1) 다 같이 원을 만들어 서로를 바라보고 선다.

2) 가볍게 몸을 좌우로 흔들면서 긴장이완을 한다.

3) 자신이 낼 수 있는 가장 편한 소리를 내 본다('아' '우' 등 단음절로).

4) 자유롭게 이동하면서 서로의 소리를 듣는다.

5) 자신이 원하는 곳에서 자신의 소리가 편안하게 가슴에 공명되는 것을 느낀다.

6) 그 소리가 나에게 어떻게 들리고, 지금의 나와 어떤 관련성이 있는지 생각해 본다.

7) 다 같이 모여 자신의 경험을 이야기한다.

♪ **소요시간:** 30~40분

♪ **고려사항:** 자신이 낼 수 있는 가장 편한 소리를 찾고 교감할 수 있도록 조용하고 약간 어
두운 환경을 만들어 준다.

인
지

활동 12 나는 잘해요

♪ **대상:** 아동(집단)

♪ **치료목적:** 사소한 것이라도 자신이 잘하고 있는 것을 찾는 것을 통해 자신감을 향상시킨다.

♪ **음악중재:** 리듬 챈트 게임

♪ **단계별 방법:**

1) "나는 잘해요. ○○을 잘해요. 쿵쿵 따~ 쿵쿵 따." 를 배경리듬에 맞춰 챈트한다.

2) 치료사와 아동이 게임 형식으로 잘하는 것을 계속해서 말한다.

3) 말한 경험을 바탕으로 서로 이야기 나눈다.

4) 치료사는 아동의 장점을 격려하고 축하의 노래를 불러 준다(〈악보 6〉 참조).

〈악보 6〉 **나는 잘해요**

작사 · 작곡: 이유진

선생님: ( )는 ( )를 잘해요 - ( )도 ( )도 잘하죠 -

A

다같이: ( )는 ( )를 잘해요 - ( )도 ( )도 잘하죠 -

B

우리모두 자신있게 해봐요 - 우린뭐든 잘하죠 자신있게 얏!

♪ **소요시간:** 30~40분

♪ **도구:** 리듬 비트박스

♪ **고려사항:** 게임 시 치료사는 사소한 것도 장점으로 말할 수 있도록 한다(예, 심부름을 잘해요 등). A파트는 장점 세 가지를 넣는다. B파트는 선생님이 한 것을 반복한다.

활동 13 내 인생의 드라마

♪ **대상:** 성인

♪ **치료목적:** 어린 시절의 힘들었던 시기를 기억하고 다시 새롭게 경험할 수 있는 드라마를 만든다.

♪ **음악중재:** 즉흥연주(기악)

♪ **단계별 방법:**

1) 자신의 어린 시절 사진을 몇 장 가져오게 한다.

2) 음악을 들으며 어린 시절에 관한 이야기를 서로 나눈다.

3) 새롭게 바꾸고 싶은 기억을 떠올리고 충분히 이야기를 나눈다.

4) 그때의 기억을 바꾸어 자신만의 드라마로 재구성한다.

5) 드라마에 필요한 음악적 요소를 악기로 표현하여 드라마를 완성한다.

6) 활동 후 경험이나 느낌을 이야기한다.

♪ **소요시간:** 30~40분

♪ **도구:** 어린 시절 사진, 여러 가지 악기

인
지

활동 **14** 노래로 만나는 세상

♪ **대상:** 성인

♪ **치료목적:** 무의식적으로 떠오른 노래와 지금의 상황을 연결하여 자신을 돌아보게 한다.

♪ **음악중재:** 노래회상

♪ **단계별 방법:**

1) 지금 떠오르는 노래가 있는지 이야기한다.

2) 함께 노래를 들어 보거나 불러 본다.

3) 이 노래가 왜 생각났는지, 이 노래가 중요했던 시기가 언제였는지 등에 대해 함께 이 야기 나눈다.

4) 노래 가사 중 나에게 의미 있는 부분에 대해 이야기 나눈다.

5) 클라이언트의 지금 상황과 연결하여 이야기 나눈다.

6) 노래를 함께 부르거나 듣는다.

♪ **소요시간:** 30~40분

♪ **도구:** 컴퓨터, CD 플레이어

♪ **고려사항:**

• 즉석에서 노래를 찾고 감상할 수 있는 시스템을 가지고 있는 게 좋다.

• 노래를 쉽게 떠올릴 수 있도록 격려하도 지지한다.

활동 **15** 요술램프

♪ **대상**: 아동, 청소년

♪ **치료목적**: 자신의 상황을 객관화하여 자신이 진정으로 원하는 것을 생각해 본다.

♪ **음악중재**: 리듬 챈트

♪ **단계별 방법**:

1) '만일 내게 요술램프가 있다면?'을 배경리듬에 맞춰 챈트한다(A).

2) 순서에 따라 배경리듬에 맞춰 자신의 소원을 말한다(B).

3) 모든 집단원이 충분히 소원을 말할 때까지 A-B-A를 반복한다.

4) 말한 소원 중에서 진정으로 원하는 소원 하나를 선택하여 그것에 대해 이야기한다.

5) 소원을 이루기 위하여 지금 자신이 할 수 있는 일에 대해 이야기한다.

6) 활동 후 경험과 느낌을 이야기한다.

♪ **소요시간**: 30~40분

♪ **도구**: 리듬 비트박스

♪ **고려사항**: 자신이 원하는 것을 자유롭게 말할 수 있도록 격려한다.

인
지

활동 16 내 인생의 음악 자서전

♪ **대상:** 호스피스 환자(개별)

♪ **치료목적:** 그동안의 삶을 돌아보고 인생의 소중한 시간을 기억해 본다.

♪ **음악중재:** 노래회상

♪ **단계별 방법:**

1) 클라이언트의 중요한 시기(유년기, 청소년기, 대학시절, 취업, 결혼 등)를 생각할 때 떠오르는 노래를 찾아본다.

2) 노래를 직접 부르거나 감상한다.

3) 그때의 추억을 떠올리며 이야기를 나누고 의미 있는 시간을 기억해 본다.

4) 클라이언트에게 의미 있는 노래를 하나의 CD로 만든다.

5) 가족과 함께 CD를 감상하며 추억을 나눌 수 있도록 돕는다.

6) 활동 후 느낌을 이야기한다.

♪ **소요시간:** 30~40분

♪ **도구:** CD 플레이어, 녹음기

♪ **고려사항:**

• 노래 선택은 그 시절 자신이 좋아했던 노래나 그 시절과 어울리는 노래를 고를 수 있다.

• 클라이언트가 감상에 너무 깊이 빠지지 않도록 돕는다.

활동 **17** 좋은 친구란

♪ **대상:** 청소년(집단)

♪ **치료목적:** 친구를 생각하며 서로 악기로 역할을 바꾸어 연주하고 좋은 친구에 대해 생각한다.

♪ **음악중재:** 작곡

♪ **단계별 방법:**

1) 학교에서 일어나는 싸움 등의 상황에 대해 이야기한다.

2) 학교 상황에서 가해자 · 피해자 · 방관자에 대해 어떤 느낌인지, 그런 행동에 대해서 어떻게 생각하는지 이야기한다.

3) 여러 가지 악기를 만져 보고 소리를 탐색한다.

4) 각자 역할을 정하여 가해자 · 피해자 · 방관자로 구분하고 자신의 역할에 맞는 악기를 선택한다.

5) 악기로 자신의 역할에 맞게 연주한다.

6) 녹음된 소리를 들어 보고 연주 후 느낌과 생각에 대해 이야기한다.

7) 다시 역할을 바꾸어 연주해 보고 이야기한다.

8) 오늘 활동에 대해 서로 느낌과 생각을 이야기 나눈다.

♪ **소요시간:** 30~40분

♪ **도구:** 다양한 악기, 녹음기

♪ **고려사항:** 클라이언트가 지나치게 감정에 치우치지 않도록 적절한 단어 사용을 돕는다.

활동 18 통증이 줄어들었어요

♪ **대상:** 통증 환자

♪ **치료목적:** 음악을 감상하며 환자의 통증을 감소시킨다.

♪ **음악중재:** 음악감상

♪ **단계별 방법:**

1) 치료사는 심호흡을 통해 심리적 · 신체적 이완을 할 수 있도록 한다.

2) 클라이언트가 자신의 통증, 불안을 시각화한다(예, '지금 통증 상태를 풍선 불 때와 비교해 보세요. 어느 정도 크기인가요?').

3) 치료사는 몇 개의 선정된 음악을 제시하고 클라이언트가 선호하는 곡을 선택하게 한다.

4) 선택된 음악을 들으면서 클라이언트는 시각화한 통증을 자연스럽게 작게 만든다.

5) 음악감상 후 떠오르는 긍정적인 생각과 느낌을 이야기 나눈다.

6) 일상생활에서도 통증이나 불안이 심해질 때 선택한 음악을 들으며 이완할 수 있도록 반복한다.

♪ **소요시간:** 30~40분

♪ **도구:** CD, CD 플레이어, 음악(모차르트 〈피아노협주곡 op.21, 2악장〉, 바흐 〈G 선상의 아리아〉, 모차르트 〈클라리넷 협주곡〉)

♪ **고려사항:** 통증, 불안에 대해 긍정적인 생각이나 느낌이 대체될 수 있도록 클라이언트가 선호하는 음악을 선정하여 연결되도록 돕는다.

활동 19 20년 후

♪ 대상: 청소년

♪ 치료목적: 자신이 가장 원하는 것이 무엇인지 찾아보고 꿈을 설계한다.

♪ 음악중재: 음악감상

♪ 단계별 방법:

1) 음악을 감상하며 20년 후 자신의 모습을 상상한다.

2) 상상한 모습을 그림이나 글로 써 본다.

3) 지금의 내가 미래의 나에게 하고 싶은 말이 있다면 써 본다.

4) 미래의 내가 지금의 나에게 하고 싶은 말이 있다면 써 본다.

5) 대화를 통해 생각하거나 느낀 것을 치료사와 이야기 나눈다.

6) 20년 후 내가 되기 위해 필요한 것을 생각해 본다.

7) 활동 후 경험과 느낌을 이야기한다.

♪ 소요시간: 30~40분

♪ 도구: CD, CD 플레이어

♪ 고려사항: 클라이언트가 진지하게 자신의 미래를 생각할 수 있도록 돕는다.

♪ 예시 음악:

- 멘델스존 〈바이올린협주곡 op.64 마단조, 1악장〉
- 하이든 〈현악사중주 op.64 No.5 라장조, '종달새'〉
- 카니발 〈거위의 꿈〉

인
지

활동 **20** 힘들 땐 노래해요

♪ **대상:** 청소년, 성인

♪ **치료목적:** 힘들 때 자신에게 힘을 주는 것을 노래하면서 삶에 대해 긍정적으로 생각한다.

♪ **음악중재:** 노래 부르기

♪ **단계별 방법:**

1) 일상생활에서 나를 힘들게 하는 것이 무엇인지 말해 본다.

2) 그럴 때 어떤 방법으로 극복했는지에 대해서도 이야기 나눈다.

3) 주제 노래를 불러 본다(〈악보 7〉 참조).

4) 노래 속에 나를 행복하게 하는 것이 무엇이 있는지 생각해 보고 'B' 부분에서 허밍으로 노래를 부른다.

5) 활동 후 경험과 느낌을 이야기한다.

♪ **소요시간:** 30~40분

♪ **고려사항:** 허밍하며 자신이 행복한 것을 생각하도록 한다.

〈악보 7〉 Major Pentatonic을 위한 노래

작사 · 작곡: 이지혜

해 지는- 것 들 을 생 각해-봐 요- 그

리 고이-번 엔- 노 래해-봐 요- 내가

가 지고- 있는-목소- 리 로

B

나 나 나 나 나 나

나 난 나 난 나

나 난 나 난 나

*Petatonic 음계는 익숙하고 친숙한 느낌을 준다.

 제10장

행 동

 **활동 21** 거울놀이

♪ **대상:** 부적절한 행동을 보이는 아동(개별)

♪ **목적:** 서로 행동을 모방하면서 자기 자극적인 행동을 감소시킬 수 있다.

♪ **음악중재:** 음악과 동작

♪ **단계별 방법:**

1) 치료사와 아동이 마주 선다.

2) 음악에 따라 아동이 자연스럽게 움직이는 행동을 치료사가 따라한다.

3) 바꿔서 치료사의 행동을 아동이 따라한다.

4) 치료사는 미리 준비된 빠른 음악과 느린 음악을 번갈아 틀어 주며 행동의 변화를 갖
   도록 한다.

5) 음악이 끝날 때까지 함께 동작을 한다.

♪ **소요시간:** 30~40분

♪ **도구:** CD, CD 플레이어

♪ **고려사항:**

• 참여도를 높이기 위해 간단한 소품을 사용하거나 활동 노래를 사용해도 좋다.

• 활동하면서 신체적 해를 입지 않도록 활동하기에 적절한 공간에서 한다.

행
동

활동 **22**   기다려 주세요

♪ **대상**: 아동(ADHD)

♪ **치료목적**: 충동적으로 자리를 이탈하는 아동에게 악기연주를 하면서 착석 행동을 유지하도록 한다.

♪ **음악중재**: 악기연주

♪ **단계별 방법**:

1) 아동을 관찰하여 자리에 앉아 집중할 수 있는 시간을 체크한다.

2) 평균 시간을 설정하고 그 시간에 맞는 음악 과제(〈악보 8〉 참조)를 나누어 준다.

3) 아동은 색깔악보의 빈 칸에 준비된 색종이를 붙인다.

4) 음악 과제가 완성되면 함께 연주한다.

5) 활동 후 느낌을 서로 이야기한다(이때 치료사는 일어나고 싶은 행동이 무조건 나쁜 것은 아니며 이 활동을 통해 자리를 이탈하고 싶은 충동을 억제하는 힘을 기르는 것임을 알려 준다).

♪ **소요시간**: 30~40분

♪ **도구**: 톤차임 또는 멜로디를 연주할 수 있는 악기, 음악 과제

♪ **고려사항**:

• 음악 과제는 그날 연주할 과제를 치료사가 미리 아동이 할 수 있도록 번호 열을 나누어 둔다.

• 집중 시간이 짧으므로 긴 음악은 피한다.

〈악보 8〉 **섬집아기**

1	빨	초	파	남	파	초	파	–	–	–	–	–
2	남	–	초	파	초	주	빨	–	–	–	–	–
3	빨	초	파	남	파	초	파	–	–	–	–	–
4	남	–	초	파	주	노	초	–	–	–	–	–
5	파	파	파	초	파	남	초	–	–	–	–	–
6	보	–	보	분	–	남	파	–	–	–	–	–
7	분	남	파	초	파	남	주	–	–	–	–	–
8	빨	–	초	노	초	파	초	–	–	–	–	–

＊색깔 악보를 만들 수 있게 준비하여 대상에게 부분을 나누어 주고 완성하게 한다.

＊각 번호 열을 한 명이 완성하도록 한다. 미리 오려 놓은 색종이를 표시해 놓은 자리에 붙인다.

활동 23 신나게, 즐겁게, 자신 있게

♪ **대상:** 인터넷 중독자

♪ **목적:** 악기연주를 통해서 인터넷 중독 행동에서 잠시 벗어나 행동과 기분을 환기시킨다.

♪ **음악중재:** 악기연주(드럼)

♪ **단계별 방법:**

1) 연주할 리듬을 미리 들려준다.

2) 주어진 리듬을 신체 타악기로 연주한다.

3) 음악에 맞춰 악기를 연주한다.

4) 연주 후 경험한 것을 이야기한다.

♪ **소요시간:** 40~50분

♪ **도구:** 드럼 종류

♪ **고려사항:** 음악은 신나게 맞춰서 할 수 있는, 집단원이 선호하는 비트가 강한 대중적 음악을 사용한다[예, 〈다리 꼬지 마〉 〈내가 제일 잘 나가〉 등(〈악보 9〉 참조)].

〈악보 9〉 **내가 제일 잘 나가**

행동

활동 24 이별편지 쓰기

♪ 대상: 알코올 의존성 환자 집단

♪ 치료목적: 알코올에 대한 여러 가지 생각을 나누고 알코올 의존에서 벗어나도록 한다.

♪ 음악중재: 음악 만들기

♪ 단계별 방법:

　1) 술을 마셔서 잃은 것과 나빠진 것에 대해 이야기 나눈다.

　2) 만약 지금 술을 끊지 않는다면 어떤 일이 일어날지 이야기 나눈다.

　3) '술이 있어서' 잃은 것과 나빠진 것에 대해서 가사를 만든다(〈악보 10〉 참조).

　4) '앞으로 술이 없다면' 어떻게 달라질 것인지에 대해 가사를 만든다.

　5) 활동 후 느낌을 이야기하고 자신의 다짐을 종이에 적는다.

　6) 각자의 내용을 발표하고 다짐을 격려받는다.

〈악보 10〉 **다짐의 노래**

내가 꼭다짐하는한 가지 - 항상 지키고싶은한 가지 - 힘들 고지쳐도나의

마음안바껴다시 는 술에의지하지 않아 나는 약 속을 꼭 지킬거 야

♪ 소요시간: 30~40분

♪ 도구: 리듬타악기, 필기구

♪ 고려사항: 세 가지 주제에 대해 가볍게 생각할 수 있도록 해서 게임처럼 진행해도 좋다.

활동 25   젓가락행진곡

♩ **대상:** 아동, 청소년

♩ **목적:** 주어진 악기를 정해진 파트에 연주하면서 집중력을 향상시킨다.

♩ **음악중재:** 악기연주

♩ **단계별 방법:**

  1) 연주할 곡을 미리 들려준다.

  2) 한 사람씩 자신이 연주할 악기를 선택한다(치료사가 나누어 줘도 괜찮다).

  3) 리듬악보와 색깔악보를 연습한다.

  4) 다같이 치료사의 지시에 맞춰 리듬악보와 색깔악보를 이어서 연주한다.

  5) 젓가락행진곡에 맞춰 연주한다(치료사의 반주 또는 CD).

  6) 활동 후 느낌을 나눈다.

♩ **소요시간:** 30~40분

♩ **도구:** 실로폰, 탬버린, 트라이앵글

〈악보 11〉 **리듬악보, 색깔악보**

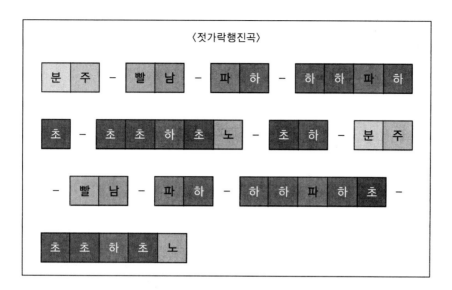

〈젓가락행진곡〉

분 주 – 빨 남 – 파 하 – 하 하 파 하

초 – 초 초 하 초 노 – 초 하 – 분 주

– 빨 남 – 파 하 – 하 하 파 하 초 –

초 초 하 초 노

활동 26 함께하면 좋을 거야

♪ **대상:** 아동(ADHD)

♪ **목적:** 두 사람이 마주 서서 함께 오션드럼을 조절하면서 연주하면서 충동적 행동을 조절할 수 있다.

♪ **음악중재:** 악기연주

♪ **단계별 방법:**

1) 두 사람이 마주 보고 선다.

2) 마주 선 채 오션드럼을 둘이 잡는다.

3) 음악에 맞춰 천천히 오션드럼 속의 구슬을 한 방향으로 굴리며 조절하면서 연주한다.

4) 음악이 끝날 때까지 함께 연주한다.

♪ **소요시간:** 30~40분

♪ **도구:** 오션드럼, 노래(〈고기잡이〉〈시냇물〉 등)

♪ **고려사항:**

• 서로 적절하게 힘을 분배하여야 작고 고른 소리로 연주할 수 있다.

• 같은 활동을 지속해야 하므로 자칫 아동이 중단하지 않도록 치료사의 지속적인 관찰이 요구된다.

• 아동의 상태에 따라서 음악을 조절한다.

 **활동 27** Middle Eastern Idiom

♪ **대상:** 아동, 청소년

♪ **목적:** 구조화된 악기연주를 하면서 부정적 행동을 조절할 수 있다.

♪ **음악중재:** 악기연주

♪ **단계별 방법:**

1) 연주할 곡을 미리 들려준다(〈Middle Eastern Idiom〉).
2) 한 사람씩 자신이 연주할 악기를 선택한다(치료사가 나누어 줘도 괜찮다).
3) ABA 구조에서 A 부분은 기다리고 B 부분에서 자유롭게 연주한다(〈악보 12〉 참조).
4) 연주 후 느낌을 이야기한다.
5) B 부분에서 구조화된 패턴으로 연주해 본다(〈악보 13〉 참조).

♪ **소요시간:** 40~50분

♪ **도구:** 북, 탬버린, 트라이앵글, 캐스터네츠

〈악보 12〉 **Middle Eastern Idiom**

＊Middle Eastern Idiom은 음의 간격이 확장되며, 풍부하고 다양한 음으로 미묘한 뉘앙스를 느끼게 한다.

〈악보 13〉 **구조화 악보: 구조화의 예**

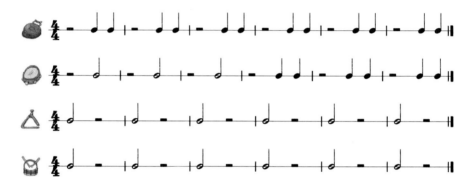

활동 28 Music and Dream

♪ 대상: 수면 조절이 어려운 사람

♪ 목적: 음악활동을 통해 수면 패턴을 조절할 수 있다.

♪ 음악중재: 음악감상

♪ 단계별 방법:

1) 넷까지 수를 세면서 숨을 들이마시고 다시 넷까지 수를 세면서 숨을 내쉰다.

2) 치료사는 클라이언트의 호흡 패턴을 고려해서 음악을 선곡한다.

3) 음악을 들으며 몸의 각 부분에 대해 긴장과 이완을 반복한다.

4) 일상생활에서 적용할 수 있도록 이완행동을 연습한다.

5) 활동에 대해 느낌을 이야기한다.

♪ 소요시간: 30~40분

♪ 도구: CD 플레이어

♪ 고려사항: 음악이 중요하므로 경우에 따라 클라이언트의 선호, 수준 등을 고려하여 선곡한다.

♪ 예시 음악:

• 바하 〈G선상의 아리아〉

• 바하 〈무반주 첼로 모음곡 1번, BMW1007, 제4곡 사라방데(Sarsbande)〉

• 베토벤 〈로망스 제2번 F단조〉

• 그외 자신이 좋아하는 음악

행
동

 활동 29 소리를 내 봐요

♪ **대상:** 트라우마로 침묵하는 사람

♪ **목적:** 자신만의 소리를 안전한 환경에서 소리를 낼 수 있다.

♪ **음악중재:** 노래 부르기

♪ **단계별 방법:**

1) 나를 힘들게 하는 행동이나 어려움에 대해 이야기해 본다.

2) 조용히 눈을 감고 음악을 들어 본다.

3) 악기로 노래 부분을 톤차임으로 연주한다(화성 안에서 음을 준비한다).

4) 치료사와 함께 목소리로 노래 부분을 함께 불러 본다(〈악보 14〉참조).

5) 익숙해지면 혼자서 소리를 내 본다.

6) 소리를 내는 데 익숙해지면 나만의 가사를 만들어 볼 수도 있다.

7) 활동 후 느낌을 이야기 나눈다.

♪ **소요시간:** 30~40분

♪ **도구:** 톤차임

♪ **고려사항:** 치료사는 안전한 환경에서 소리를 낼 수 있도록 화성 안에서 지지를 해 준다.

〈악보 14〉 Dorian을 위한 노래

작사 · 작곡: 이지혜

＊Dorian 모드는 편안하고 안정된 환경에서 소리를 낼 수 있도록 도와준다.

활동 30 즐거운 연주

♪ 대상: 과잉행동을 보이는 아동

♪ 목적: 과잉행동의 에너지를 음악연주를 통해 발산하면서 행동을 조절할 수 있다.

♪ 음악중재: 악기연주

♪ 단계별 방법:

1) 여러 가지 악기를 탐색하며 연주해 본다.

2) 한 가지 악기를 선택하고 치료사의 리듬 연주를 몇 가지 따라해 본다.

3) 몇 가지 리듬을 자유롭게 만들어 연주해 본다.

4) 노래 안에서 자신이 만든 리듬을 연주해 본다(〈악보 15〉 참조).

5) 활동 후 느낌을 이야기 나눈다.

♪ 소요시간: 30~40분

♪ 도구: 여러 가지 타악기, 리듬 카드

♪ 고려사항: 분위기가 진취적이며 밝은 느낌을 주어 행동에 대한 동기를 부여하여 적극적으로 참여할 수 있게 한다.

〈악보15〉 Lydian을 위한 연주

작사 · 작곡: 이지혜

행
동

Solo: 드럼과 리듬 스틱 –
      카바사 우드 블럭 –

관 계

 활동 31　나를 이해해 주세요

♪ **대상:** 아동, 청소년(개별)

♪ **치료목적:** 자신이 생각하는 가족을 표현하여 가족에 대한 감정을 인식한다.

♪ **음악중재:** 분석적 즉흥연주

♪ **단계별 방법:**

1) 가족 중 한 사람을 정하고 '그 가족'의 특징에 어울리는 악기를 고른다.

2) '그 가족'에 대한 느낌이나 특징을 악기로 표현한다.

3) '그 가족'의 어떤 특징이나 느낌을 표현했는지 함께 이야기 나눈다.

4) '그 가족'에게 듣고 싶은 말이 무엇인지 얘기하고 악기로 표현한다.

5) 치료사가 클라이언트가 표현한 대로 연주한다.

6) 클라이언트는 자신이 '그 가족'에게 하고 싶은 말을 악기로 연주한다.

7) 클라이언트가 뭐라고 표현하고 싶었는지 함께 이야기 나눈다.

8) 가족 모두를 2), 3), 4), 5)의 과정에 따라 표현해 보도록 한다.

9) 활동 후 느낌을 이야기한다.

♪ **소요시간:** 40분

♪ **도구:** 다양한 리듬타악기, 실로폰

♪ **고려사항:** 가족 중 클라이언트에게 중요한 영향을 미친 사람만 선택하여 집중적으로 회기를 진행할 수 있다.

관
계

♪ **대상:** 노인

♪ **치료목적:** 집단원이 서로 옛날을 기억하며 혼자 있는 고립감을 탈피하고 서로 교류할 수 있는 기회를 갖게 한다.

♪ **음악중재:** 노래 부르기

♪ **단계별 방법:**

1) 치료사는 집단원의 젊은 시절 노래 목록을 준비한다.
2) 집단원이 공감할 수 있는 노래 한 곡을 목록 중에서 선택하여 함께 듣는다.
3) 음악과 관련된 그때의 느낌, 과거의 사건, 사람, 장소 등을 회고하며 서로 이야기를 나눈다.
4) 이야기를 마친 후 그 시절을 기억하며 다 같이 노래를 부른다.
5) 활동을 하면서 느낌이나 경험 등을 서로 이야기한다.

♪ **소요시간:** 30~40분

♪ **도구:** 시대별 노래, 음악 목록

시대별 노래 예시

• 1930~1940년대: 〈럭키 서울〉〈비내리는 고모령〉〈나그네 설움〉〈울고 넘는 박달재〉〈황성옛터〉〈목포의 눈물〉〈대지의 항구〉〈짝사랑〉〈눈물 젖은 두만강〉

• 1950~1960년대: 〈추억의 소야곡〉〈고향초〉〈굳세어라 금순아〉〈이별의 부산정거장〉〈단장의 미아리 고개〉〈경상도 아가씨〉〈꿈에 본 내 고향〉〈과거를 묻지 마세요〉〈고향무정〉〈노란셔츠 입은 사나이〉〈유정천리〉〈동백아가씨〉 등

• 1970~1980년대: 〈동행〉〈무작정 당신이 좋아요〉〈작은 연인들〉〈만남〉〈10월의 마지막 밤〉〈세월〉〈바람이려오〉〈사랑의 미로〉〈꿈속의 사랑〉〈밤배〉〈꼬마 인형〉〈여고시절〉〈당신만을 사랑해〉〈그 사람 이름은 잊었지만〉〈아내에게 바치는 노래〉〈돌아와요 부산항에〉〈아파트〉〈아침이슬〉 등

 **활동 33 우리 가족 멜로디**

♪ **대상**: 가족

♪ **치료목적**: 가족이 서로에 대한 생각과 느낌을 노래로 만들어 부르고 가족에 대한 사랑
   과 정서를 공감하고 서로를 지지한다.

♪ **음악중재**: 음악 만들기

♪ **단계별 방법**:

   1) 가족 노래를 만들기 위한 활동 노래를 제시한다.

   2) 우리 가족이 어떤 가족이 되었으면 좋겠는가에 대한 가사를 만든다.

   3) 주어진 멜로디에 가사를 넣어 부른다(〈악보 16〉 참조).

   4) 노래를 만들면서 갖게 된 느낌 등에 대해 이야기한다.

♪ **소요시간**: 30~40분

♪ **도구**: 필기구

♪ **고려사항**: 가족이 할 수 있으면 가사와 멜로디를 모두 만들어 본다.

〈악보 16〉 **우리 가족 멜로디**

작사 · 작곡: 이유진

관
계

활동 34 리듬 비타민

♪ **대상:** 아동, 청소년, 성인

♪ **치료목적:** 타악기를 함께 연주하며 교류되는 리듬의 힘과 에너지를 경험한다.

♪ **음악중재:** 악기연주

♪ **단계별 방법:**

1) 모두 원으로 둘러앉는다.

2) 다양한 크기의 패들드럼을 나눠 주고 소리를 탐색하게 한다.

3) 치료사가 제시하는 리듬 패턴을 따라 연주한다.

4) 자신의 리듬을 만들어 제시하면 다른 집단원이 따라 연주한다.

5) 모두 일어나서 자유롭게 이동하며 서로 리듬으로 교류한다.

6) 활동에 대한 느낌을 서로 이야기한다.

♪ **소요시간:** 30~40분

♪ **도구:** CD, CD 플레이어, 다양한 크기의 패들드럼

♪ **고려사항:** 치료사는 집단원이 자연스럽게 참석할 수 있도록 여러 가지 리듬이나 연주 방법을 제시하도록 한다.

활동 **35** 마음을 모아

♪ 대상: 성인, 노인

♪ 목적: 서로의 소리를 들어 가며 멋진 음악을 만드는 과정에서 관계를 향상시킨다.

♪ 음악중재: 즉흥연주(악기)

♪ 단계별 방법:

1) 토의를 통해 오늘 연주할 주제를 정한다.

2) 주제에 맞게 악기를 선택한다.

3) 주제에 맞춰 집단 즉흥연주를 한다.

4) 치료사는 피아노로 집단의 연주를 지지한다.

5) 연주 후 느낌을 이야기한다.

♪ 소요시간: 30~40분

♪ 도구: 타악기 포함한 리듬악기

♪ 고려사항: 주제는 모든 집단원이 관심을 갖고 있거나 혹은 공감을 할 수 있는 것으로 선택하도록 한다.

활동 36   멋진 오케스트라

♪ **대상:** 아동(집단)

♪ **치료목적:** 집단이 서로 자신에게 적합한 소리를 함께 연주하면서 성취감을 느끼고 자신
감과 자긍심을 향상시킬 수 있다.

♪ **음악중재:** 악기연주

♪ **단계별 방법:**

1) 오늘 연주로 사용할 배경음악을 듣는다.

2) 곡의 느낌에 대해서 이야기해 본다.

3) 여러 가지 악기를 만져 보고 소리를 듣는다.

4) 곡에 어울린다고 생각하는 악기를 각자 선택한다.

5) 자신이 선택한 악기로 배경음악에 맞추어 자신만의 방식으로 연주한다.

6) 다 함께 연주한 소리를 듣는다.

7) 들어 본 소리에 대한 느낌을 서로 이야기 나눈다.

8) 다시 악기를 선택하거나 연주 방식을 바꾸어서 연주한다.

9) 녹음된 곡을 듣는다.

10) 오늘 활동에 대해 서로 이야기 나눈다.

♪ **소요시간:** 30~40분

♪ **도구:** 여러 가지 타악기, 배경음악으로 좋은 곡[모차르트 〈터키행진곡〉(〈악보 17〉 참조),
바흐 〈미뉴에트〉, 멕시코민요 〈라쿠카라차〉 등]

♪ **고려사항:** 연주를 통해 음악적 아름다움을 경험할 수 있도록 악기나 연주 방법을 구조
화하여 제공할 수 있다.

〈악보 17〉 **터키행진곡**

모차르트

관
계

 활동 **37** 무슨 소리일까요

♪ **대상:** 청소년, 성인(집단)

♪ **치료목적:** 집단원이 서로 협조하여 창조적인 소리를 만들면서 자신의 생각이나 느낌을 표현할 수 있다.

♪ **음악중재:** 즉흥연주(악기)

♪ **단계별 방법:**

1) 5~6명 정도로 이루어진 그룹을 만들고 대표를 정한다.

2) 관심 있는 주제에 맞는 단어카드를 준비한다.

3) 각 그룹의 대표는 단어카드를 한 장 뽑는다.

4) 각 그룹원이 서로 토의하여 선택한 단어를 다양한 악기를 사용하여 소리를 만들어 낸다.

5) 한 그룹씩 나와 연주하면 다른 조가 그 소리가 무엇인지 추측해 보고 맞추는 게임을 한다.

6) 소리를 만들고 맞추는 과정에서의 경험이나 느낌 등에 대해 서로 토의한다.

♪ **소요시간:** 30~40분

♪ **도구:** 다양한 소리를 만들어 낼 수 있는 악기(패들드럼, 탬버린, 우드블록, 핑거심벌즈, 오션드럼, 칭촉, 카바사, 플랙사톤 등)

♪ **고려사항:**

• 인원이 많지 않을 경우 한 사람이 한 조가 된다.

• 단어카드는 공통 관심 주제로 선장하도록 한다(청소년의 경우 시험, 게임 등).

활동 38 우리의 이야기

♪ **대상:** 청소년(집단)

♪ **치료목적:** 노래를 만들면서 긍정적인 상호관계와 성취감을 향상시킨다.

♪ **음악중재:** 음악 만들기

♪ **단계별 방법:**

1) 학교에서 일어날 수 있는 스토리를 함께 만든다(청소년이 공감하는 상황에서 스토리를 선택한다).

2) 스토리 내용을 바탕으로 노래를 만든다(음악극도 좋다).

3) 어떻게 작곡할 것인지에 대해 이야기한다(예, 기존의 멜로디를 사용하거나 친숙한 코드 진행 사용)

4) 악보에 기보한 후 녹음한다.

5) 활동 후 느낌을 나눈다.

♪ **소요시간:** 30~40분

♪ **도구:** 여러 종류의 악기

♪ **고려사항:** 한 회기에서 음악 만들기가 어려울 경우 몇 회기에 나눠서 진행할 수 있다. 자신의 이야기를 솔직하게 할 수 있도록 자연스럽고 안전한 환경을 제공한다.

활동 **39** **타인의 감정 인식**

♪ **대상:** 아동, 청소년(집단)

♪ **치료목적:** 다른 사람의 감정을 인식한다.

♪ **음악중재:** 즉흥연주

♪ **단계별 방법:**

1) 다 같이 활동 노래(〈악보 18〉 참조)를 불러 본다.

2) 바구니 속에 있는 여러 가지 표정 카드를 두고 한 사람씩 그 카드를 뽑는다.

3) 선택한 카드의 표정을 보고 어떻게 표현할 것인지 생각해 본다.

4) 노래를 부르며 한 명씩 나와 악기로 표현하면 다른 사람들이 어떤 감정에 대해 표현
   한 것인지 맞히는 게임을 한다.

5) 오늘 활동 후 느낌을 이야기 나눈다.

〈악보 18〉 **감정노래**

작사 · 작곡: 이유진

사 람 들 마음엔   여러가지 감정들 모두 갖 고 있 죠

* 화난 감정(악기연주): 노래를 반복하며 '화난 감정'에 다른 감정(기쁜 감정, 슬픈 감정 등)을 바꿔 부르고 악기
로 표현하게 한다.

♪ **소요시간:** 30~40분

♪ **도구:** 여러 가지 타악기, 표정 카드

♪ **고려사항:** 초등학교 저학년인 경우 감정이 분명하게 나타나는 그림을 사용하고, 초등학
교 고학년 이상인 경우는 감정이 모호하게 나타난 그림을 사용하는 것이 다양한 감정
표현과 탐구를 하는 데 좋다.

활동 40 함께 만드는 음악 세계

♪ 대상: 아동, 청소년

♪ 치료목적: 집단의 리더로서 지휘를 하면서 성취감을 느끼고 그룹의 협동심을 증진시킨다.

♪ 음악중재: 즉흥연주

♪ 단계별 방법:

1) 톤차임을 펜타토닉(〈악보 19〉 참조)으로 준비한다.

2) 동작을 이용한 지휘법을 약속한다(시작, 끝, 강약 등에 대한 제스처)

3) 톤차임을 나누어 주고 자유롭게 소리를 내 본다.

4) 치료사의 시범 후 한 사람씩 지휘를 한다.

5) 집단원들은 지휘자에 따라 함께 악기를 연주한다.

6) 연주 후 활동에 대해 이야기 나눈다.

♪ 소요시간: 30~40분

♪ 도구: 다양한 리듬악기, 지휘봉

〈악보 19〉 **Pentatonic 음계**

＊ Penratotnic 음계는 다섯 개의 음으로 구성된 음계이며, 반음계 진행이 없다.

부록 1

Music Therapy

음악심리치료에
사용되는 악기

부록 1

음악심리치료에 사용되는 악기

카바샤: 브라질 민속 타악기로, 나무 열매를 말려 속을 파낸 후 그 속에 작은 돌을 넣고 겉에 작은 쇠구슬 줄을 감은 것이다. 연주는 왼손에 악기를 놓고 오른손으로 악기의 자루 부분을 돌려서 리듬 연주를 하며, 전통 카바사의 경우 문지르는 것보다 흔들어서 소리를 낸다. 음악치료에서는 리듬악기 합주에 많이 사용되고, 특히 촉각 변별에 사용되기도 한다.	
오션드럼: 손으로 움직여 구슬을 조절하여 다양한 소리를 낼 수 있는 악기로, 이름에서도 알 수 있듯이 바닷가의 파도 소리를 연상케 한다. 이러한 소리 효과 때문에 여행을 주제로 한 치료 회기에서 즐겨 사용되는 악기다. 12, 16, 20인치의 사이즈가 있다.	
마라카스: 박 안에 작은 구슬이나 자갈을 넣고 흔들어서 소리를 내며, 최근에는 플라스틱이나 금속재로 만들기도 한다. 양손으로 쥐고 연주하기 때문에 두 손의 협응력을 기르는 데 효과가 있다. 단순한 리듬 연주에도 사용 가능하여, 기능이 낮은 대상에게도 쉽게 사용할 수 있다. 치료 상황에서는 각종 악기 합주나 오스티나토 반주를 위해 사용될 수 있다.	

클라베스: 굵고 둥근 막대기가 한 쌍을 이루며 리듬을 연주하는 데 사용된다. '열쇠'라는 뜻을 가진 스페인어로, 두 개의 막대기를 마주쳐서 소리를 내며, 라틴아메리카 음악에서 많이 사용된다. 균일 박을 줄 때나 악센트 박에 사용한다.

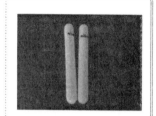

귀로: 표주박처럼 생긴 열매를 건조시켜 겉면에 홈을 내어 만든 악기다. 긁는 빠르기와 세기, 그리고 채의 종류에 따라 여러 가지 음향적 효과를 낼 수 있다. 보통 왼손의 손가락으로 구멍을 잡고 오른손으로 체를 잡고 겉면을 긁어서 소리를 낸다. 긁는 속도와 강도에 따라 특별한 효과음을 낼 수 있다. 음악치료에서 특히 촉각적 자극을 주는 데 사용하기도 한다.

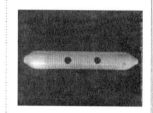

우드블록: 일반적으로 음정이 서로 다른 두 개의 울림통이 있으며 나무 말렛을 사용하여 가볍게 쥐고 연주한다. 리듬악기 연주 등에 사용되며 리듬감 발달에 도움을 준다. 목종이라고도 하며, 네모 모양을 한 중국식 우드블록과 가운데가 들어가고(사진 참조) 양쪽으로 달린 미국식 우드블록이 있다.

아고고벨: 크기가 다른 두 개의 둥글고 긴 울림통을 'V'자 모양의 철재 막대에 연결한 것으로, 크기가 작은 것은 높은 음정을, 울림통이 큰 것은 낮은 음정을 낸다. 말렛을 사용하여 번갈아 치는 방법을 주로 사용한다. 음악치료에서 소근육 발달, 눈과 손의 협응을 목적으로 사용하기도 하며, 리듬합주 등을 통한 사회성 향상의 목적으로 사용할 수 있다.

비브라 슬랩: 동물의 턱뼈에서 유래된 악기로, 나무통과 나무공이 긴 강철선 끝에 연결되어 있다. 연주는 한 손으로 손잡이를 잡고 다른 한 손으로 둥근 나무 공을 내리쳐서 진동을 만들어 그것을 통으로 전달하여 소리 낸다. 강한 진동(vibration)을 만들어 내므로 독특한 효과음을 내는 데 사용한다.

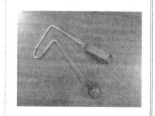

플랙사톤: 역삼각형 모양의 구부러진 강철에 2개의 작은 플라스틱 구슬이 붙어 있는 악기로, 손가락 또는 손으로 누르거나 쳐서 음을 낸다. 음색이 독특하며 울림이 길어서 짧은 음에 사용하기 어렵고, 강약의 구분도 쉽지 않다. 특별한 음향효과를 내는 데 사용할 수 있다.

카우벨: 가축의 목에 달아 주던 방울에서 변형된 악기로, 음높이가 다양하며 재질이 다른 말렛을 사용하여 여러 가지 음색을 낼 수 있다. 손으로 들거나 스탠드에 고정시켜 연주한다. 대부분 드럼세트에 함께 장치되어 사용하는데, 근래에는 추를 없애고 대신 스틱으로 소리를 내기도 한다.

칭촉: 나뭇가지에 달린 오래된 열매를 가공하여 만든 악기로, 악기 양쪽에 두 개의 방울이 달려 있다. 악기의 중앙부를 잡고 흔들어 연주하면 방울이 흔들리며 특이한 소리를 낸다. 연주는 여러 번 잘게 흔들어 준다.

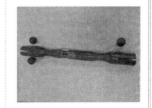

템플블록: 크기가 서로 다른 모양의 네모 다섯 개가 나란히 붙어 있는 악기로, 피아노의 검은 건반의 음과 비슷한 5음계를 가지고 있다. 우드블록보다 울림이 깊고 볼륨 또한 크다. 눈과 손의 협응, 대근육 발달에 효과적이다.

셰이커: 달걀, 채소, 동물 등의 여러 가지 모양을 갖고 있어서 아동의 흥미를 유발시키는 데 유용하다. 손에 쥐고 흔들며 연주하는 악기로, 소근육 발달은 물론 대근육 발달에도 효과적이다. 또한 양손에 쥐고 흔드는 연주 형태는 두 손의 협응 목적으로도 많이 사용된다. 그 외에도 리듬악기 협주나 효과음을 내는 데 많이 사용한다.

코끼리코: 두 손으로 악기의 끝을 잡고 서로 엇갈려 오르락내리락 하며 연주한다. 양손의 협응, 몸의 균형 잡기, 대근육 발달에 도움이 되며, 감정표현 능력을 향상시키는 목적으로도 사용될 수 있다.

캐스터네츠: 스페인 고유의 악기로 우리에게 익숙한 악기다. 두 개의 나무토막 사이에 약간 벌어지게 끈으로 묶어 만든 악기로 양쪽의 나무를 마주쳐서 소리를 낸다. 리듬을 강조하거나 악센트를 줄 때 사용된다. 리듬악기 합주에 많이 사용되며, 음악치료 시 소근육 발달 목적으로 사용할 수 있다.

윈드차임: 신비로운 음색을 지닌 윈드차임은 차임의 재질에 따라 소리가 다르며, 무게에 따라서도 소리가 다르다. 암시의 기능, 처음과 끝을 알리는 기능을 주로 하며, 클라이맥스나 분위기가 전환될 때 사용되기도 한다. 여운이 길고 소리가 두드러지므로 사용에 각별히 주의를 요한다. 강하게 소리 내는 것은 오히려 연주에 방해를 줄 수 있다.

탬버린: 가장 오랜 역사를 지닌 타악기 중 하나로 둥근 모양에 한쪽 면에만 가죽을 붙였으며 가장자리에 징글이 붙어 있다. 한 손으로 탬버린을 잡고 빠르게 흔들거나 가죽 면을 가볍게 두드려 연주한다. 음색이 맑고 경쾌하다. 중/대근육 발달, 리듬감 발달, 상호 교류에 도움이 된다.

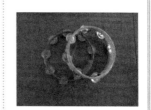

핑거심벌즈: 심벌즈와 같은 모양이지만 크기가 매우 작다. 양손 엄지와 검지에 핑거심벌즈의 고무줄 고리를 끼우고 끝을 서로 교차하듯 부딪히거나 양면을 마주 부딪쳐서 소리를 낸다. 음악극에서 주변을 환기시키거나 작은 사물의 소리나 모습을 묘사할 때 사용할 수 있다. 또한 높은 음역에서 여린 다이나믹을 필요로 할 때 사용하기도 한다.

트라이앵글: 음색이 맑고 깨끗하며 어떤 조성의 음악에도 효과적으로 사용할 수 있다. 연주는 악기의 위에 달려 있는 끈을 잡고 밑면을 쳐서 소리를 내거나 위아래 또는 양옆의 변을 교대로 계속 쳐서 트레몰로를 연주할 수 있다. 리듬악기 합주에서 화려함과 경쾌함을 더하며 긴 여운이 있어서 감정표현을 강화시키는 데 사용하기도 한다.

징글밴드: 손목방울이라고도 하며, 작은 움직임에도 소리가 나며 신체 움직임의 강도에 따라 세기가 달라지도록 만들어진 악기다. 손목에 매달아 움직일 때마다 소리가 나므로 유아나 신체장애인의 음악치료에 많이 사용한다. 음악치료에서 동기유발, 집중력 향상의 목적으로 사용할 수 있다.

레인스틱: 빗소리를 연상하게 하는 악기로, 긴 것은 양손으로 악기의 끝을 잡고 좌우로 움직여 소리를 내며 짧은 것은 위아래로 움직여 소리를 낸다. 합주 시에 곡의 시작과 끝에서 주로 사용하며 긴 악기는 박의 지속성을 나타낼 때 사용하기도 한다. 음악치료에서는 천천히 기울여 소리를 냄으로써 지속력 향상에 또는 두 팔의 협응력 향상에 사용하기도 한다.

징글스틱: 긴 막대 모양에 징글이 달려 있는 악기다. 화려하고 경쾌한 느낌을 주는 악기로, 클라이언트의 흥미 유발 등 주위의 분위기를 흥겹게 하거나 환기시키는 데 사용할 수 있다.

실로폰: 나무로 만들어져 목금이라고도 불리는 악기로, 짧고 강하며 화려한 소리를 지고 있다. 실로폰의 전형적인 소리를 내기 위해 플라스틱 말렛을 사용한다. 자주 사용하는 기법으로 글리산도(glissando)가 있는데 화려하고 강렬한 느낌을 준다. 또한 멜로디의 짧은 부분의 독주에 뛰어난 효과를 발휘할 수 있어 내담자의 자긍심을 향상시키는 데 도움이 된다.

컬러핸드벨: 보통 7가지 색깔로 구성되어 한 옥타브 음역을 가지며, 두 옥타브 음역을 가진 것도 있다. 음의 여운이 길고 맑은 음색을 내어 멜로디를 연주하는 데 주로 사용한다. 음악치료에서 대/소근육 발달, 집중력 향상을 위한 목적으로 사용할 수 있으며, 색깔 악보를 함께 사용하는 멜로디 연주는 눈과 손의 협응에도 도움이 된다.

핸드벨: 맑고 평온한 음색을 가지고 있어 대부분의 사람들이 선호하는 악기다. 일반적으로 다섯 개의 크기로 제작되며 2옥타브에서 6옥타브에 걸친 음역을 갖고 있다.

톤차임: 멜로디차임이라고도 부르며, 음색이 맑고 명료하다. 보통 반음계가 포함된 25음으로 구성되며, 멜로디 연주에 주로 사용된다. 기능에 따라 쉬운 곡부터 화음을 넣은 곡까지 다양하게 사용할 수 있다. 성취감, 자긍심 증진에 효과적이며, 눈과 손의 협응, 집중력 향상 등의 치료 목적으로도 사용한다.

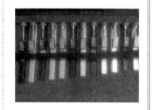

레조네이트바: 톤바라고도 부르며, 실로폰처럼 건반이 연결되지 않고 한 개씩 따로 떨어져 있다. 공명이 깊고 울림이 오래 지속되어 내담자의 마음을 편안하고 안정되게 만들어 주는 효과를 볼 수 있다. 혼자 멜로디를 연주하기도 하고, 여럿이 한 음씩 맡아서 연주할 수도 있다. 성취감, 자긍심 증진, 집중력 향상 등의 목적으로 사용한다.

큐코드: 최근 몇 년 사이에 음악치료 현장에서 많이 사용되고 있는 악기로, 주로 반주에 악기로 사용된다. 연주 방법이 쉬운 편으로 화음을 한 번 누르고 오른손으로 직사각형 모양의 판을 긁어 주면 계속 그 화음이 연주된다. 다양한 음색과 리듬 패턴이 있어서 흥미를 유발시켜 준다. 또한 치료사의 도움으로 신체장애인이나 노인도 쉽게 연주할 수 있어서 자긍심 향상에도 효과적이다.

심벌즈: 동그란 모양의 평판 또는 오목판으로 된 타악기로 그 크기와 무게가 다양하게 제작된다. 다이나믹이나 클라이맥스에 쓰인다. 보통 채를 사용하여 연주하며 활로 가장자리를 켜면 하모니를 포함한 소리를 얻을 수 있다. 특별히 대상의 기능에 상관없이 사용되며 음악치료에서 눈과 손의 협응능력 향상, 스트레스 해결 등 다양한 치료 목적으로 사용할 수 있다.

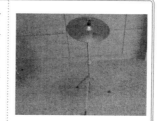

패들드럼: 테니스 라켓의 모양을 닮은 드럼의 한 종류이며, 8, 10, 12, 14, 16, 22인치의 사이즈가 있다. 말렛을 사용하여 가죽 부분을 치면 울림이 있어 다이나믹의 효과를 준다. 눈과 손의 협응, 대근육 발달, 집중력 향상을 위한 음악치료를 계획할 수 있으며, 일반 드럼류에 비해 가벼워 집단-회기에서 각자의 악기를 들고 움직이며 상호 교류, 집단 응집력 향상 등을 위해 사용하기도 한다.

봉고드럼: 오래전부터 쿠바에서 사용해 온 악기다. 음높이와 크기가 서로 다른 두 개의 북이 버팀대로 연결되어 있다. 두 악기 사이의 음정은 4도나 5도로 조율되어 있고 연주할 때는 스탠드를 사용하거나 무릎에 끼고 연주한다. 양손을 교대로 연주하며 북면의 다양한 부위와 연주 방법으로 서로 다른 음색과 음고를 낼 수 있다.

키즈핸드드럼: 아동을 위한 드럼 세트 중 하나로 한쪽 면에만 가죽이 덮여 있으며, 6, 8, 10, 12, 14인치의 5개 크기가 있다. 드라이버를 이용하여 북면을 팽팽하게 하여 음정을 조절한다. 연주는 채를 사용하여 가죽 면을 두드린다. 눈과 손의 협응, 대근육 발달을 목적으로 사용할 수 있으며 집단 회기에서 상호 교류, 집단 응집력을 위해 사용할 수 있다.

게더링드럼: 아동을 위해 만들어진 드럼 세트 중 하나로, 큰 소리와 울림이 강한 특징이 있다. 혼자 연주할 수도 있고 넓은 북 면을 활용하여 여러 내담자가 둘러앉아 각각 또는 동시에 연주할 수 있다. 스트레스 해소, 대근육 발달, 협동심 증진, 상호 교류 등의 치료 목적으로 사용할 수 있다.

키즈 투바노: 아동을 위한 만들어진 드럼 세트 중 하나로, 크기가 게더링드럼보다 작아 혼자 연주하기에 유용하다. 큰 울림이나 긴 여운을 주진 않지만, 강하고 안정된 울림이 있다. 손으로 연주하거나 말렛을 사용하기도 한다. 눈과 손의 협응에 도움이 되며 대근육 발달, 동기유발 등의 치료 목적으로 사용할 수 있다.

기타: 그리스의 기타라(Kithara)에서 그 이름이 유래되었다고 하며, 현존하는 현악기 중 가장 역사가 길다고 할 수 있다. 피아노와 함께 음악치료에서 반주나 즉흥연주에 주로 사용한다. 클래식 기타와 통기타로 구분하며, 소리가 맑고 깊으며 부드럽고 안정된 느낌 때문에 음악치료에서는 클래식 기타를 주로 사용한다.

장고: 우리나라 고유의 악기로, 북 계통의 악기를 대표하는 장단연주 타악기다. 노인을 위한 치료 회기에서 반주 악기로서 많이 사용한다. 민요 등을 부를 때 장구 장단을 넣어 함께 부름으로써 클라이언트에게 친근하게 접근할 수 있다는 장점이 있다.

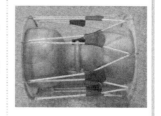

북: 사물놀이에서 원박을 담당하는 악기로 소리가 힘 있고 우렁찬 것이 특징이다. 음악치료에서는 음량이 크므로 리듬을 강조하는 데 사용하기도 하며 타악기 즉흥연주에도 사용이 가능하다.

♪ 부록1 참고문헌

김종인(2003). 행복을 주는 음악치료. 서울: 지식산업사.

김종인(2005). 음악치료 악기론. 서울: 지식산업사.

정현주(2005). 음악치료학의 이해와 적용. 서울: 이화여자대학교 출판부.

이주연, 곽현주(2006). 음악치료학 개론. 서울: 도서출판 민음.

부록2

M u s i c T h e r a p y

정신건강 주제별
노래 목록

부록 2

구분	주제	노래 제목	가수
정서	우울/외로움	꿈	조용필
		서울의 달	김건모
		너는 아름답다	이은미
		Song for me	박정현
		Lonely	2NE1
		킬리만자로의 표범	조용필
		너는 그리움 나는 외로움	박영미
	고통	지나간다	김범수
		바람이 분다	이소라
		그 겨울의 찻집	조용필
		슬픈 다짐	다비치
		다툼	이 적
	억울함	왜 때려요 엄마	유노알파
		사랑과 전쟁	다비치
		남자는 배 여자는 항구	심수봉
	분노	일탈	자우림
		말달리자	크라잉넛
		우리도 한때 갈망을 했지	기발한 자살 여행 OST
		죽고 싶단 말밖엔	허각
		Come back home	서태지와 아이들

구 분	주 제	노래 제목	가 수
정 서	소진 (burn out)	Burn out 머피의 법칙 수고했어 오늘도 Bravo, my life	블락비 DJ DOC 옥상달빛 봄여름가을겨울
	혼돈	가시나무새 꿈 길 이젠 그랬으면 좋겠네 초우 환상 속의 그대	시인과 촌장 조용필 god 조용필 문주란 서태지와 아이들
	비애/상실	서쪽하늘 총 맞은 것처럼 내가 웃는 게 아니야 허공 립스틱 짙게 바르고 초혼 비와 당신의 이야기	이승철 백지영 리쌍 조용필 임주리 장윤정 부활
인 지	긍정적 메시지	혼자가 아닌 나 거꾸로 강을 거슬러오르는 저 힘찬 연어들처럼 웃는 거야 달리기 촛불 하나 아마추어 하하하송 사노라면 나는 문제없어 위풍당당 DJ DOC와 춤을 감사해요 넌 할 수 있어 이기고 돌아오라 내가 제일 잘 나가 챔피언	서영은 강산애 서영은 S.E.S god 이승철 자우림 김장훈 황규영 마야 DJ DOC 김동률 강산에 홍경민 2NE1 싸이

구 분	주 제	노래 제목	가 수
인 지		하늘색 꿈	로커스트
		슈퍼스타	이한철
		행진	들국화
	인생	어느 60대 노부부 이야기	김광석
		산다는 건 다 그런 게 아니겠니	권진원
		인생은 미완성	이진관
		오래전 그날	윤종신
		노부부의 노래	태진아
		서른즈음에	김광석
		내 나이 마흔살에는	양희은
		아마추어	이승철
		나를 외치다	마야
		나 이런 사람이야	DJ DOC
		여성시대	다비치
		웃어요	오석준
		교실 이데아	서태지와 아이들
		일요일이 다가는 소리	노래를 찾는 사람들
		지난날	유재하
		걱정 말아요 그대	들국화
	추억	보물	자전거 탄 풍경
		어린 시절	이용복
		조조할인	이문세
		단발머리	조용필
		옛사랑	이문세
		그때 그 사람	심수봉
		광화문 연가	이문세
행 동	적극적 변화	일어나	김광석
		거위의 꿈	카니발
		Butterfly	러브홀릭스
	중독	술	브라운아이드소울
		맨날 술이야	바이브
		애주가	싸이
		그땐 미처 알지 못했지	이적
		담배 좀 줄여	미스에이

구분	주제	노래 제목	가수
행동	희망	내가 만일	김광석
		세 가지 소원	이승환
		뭉게구름	해바라기
		한 걸음 더	윤상
		마법의 성	더 클래식
		덩크슛	이승환
		여행을 떠나요	조용필
		고래사냥	송창식
관계	관계/우정	친구여	조용필
		친구	안재욱
		친구여	인순이
		친구	김민기
		세상이 그대를 속일지라도	김장훈
		사랑으로	해바라기
		우리의 사랑이 필요한 거죠	변진섭
		행복을 주는 사람	해바라기
		아름다운 세상	박학기
		여러분	윤복희
		너의 그 웃음이 좋아	자전거 탄 풍경
		You smile Don't cry	한스밴드
		Never ending story	이승철
		미안해 널 미워해	자우림
	관계의 문제	폼생폼사	젝스키스
		당신도 울고 있네요	김종찬
		깊은 밤을 날아서	이문세
		I don't care	2NE1
		이별	패티김
		우리가 지금은 헤어져도	해바라기
	이별	사랑해 그리고 기억해	god
		체념	빅마마
		365일	알리
		슬픔보다 더 슬픈 이야기	김범수
		시간아 멈춰라	다비치

구 분	주 제	노래 제목	가 수
관 계	이별	밥만 잘 먹더라	옴므
		고별	홍민
		붉은 노을	이문세
		제발	이소라
		아파	빅마마
		먼지가 되어	김광석
		네가 없다면	신화
	가정	가족	이승환
		가족	김건모
		아버지	인순이
		아버지	싸이
		아빠의 청춘	오기택
		오락실	한스밴드
		어머님께	god
		사모곡	태진아
		어머니의 일기	한스밴드
		My son	김건모
		다행이다	이적
		미안해요	김건모
		당신만 있어 준다면	양희은
		아내에게 바치는 노래	하수영
		사랑합니다	이재훈

찾ㅣ아ㅣ보ㅣ기

내용

저자소개

황은영

숙명여자대학교 음악치료대학원 석 · 박사 졸업(음악치료전공)

(사)한국음악치료학회 임상음악전문가 1급, 교육 및 임상지도 강사

현 숙명여자대학교 음악치료대학원 조교수

    (사)한국음악치료학회 이사

이유진

숙명여자대학교 음악치료대학원 박사과정 수료(음악치료전공)

(사)한국음악치료학회 임상음악전문가 1급, 교육 및 임상지도 강사

고신대학교 교회음악대학원 음악치료학과, 대전대학교 보건의료대학원 예술치료학과 강사 역임

현 연세대학교 미래교육원 음악심리치료 강사

    이유진음악치료연구소 '하늘나무' 원장

정은주

숙명여자대학교 음악치료대학원 박사과정 수료(음악치료전공)

(사)한국음악치료학회 임상음악치료전문가 1급, 교육 및 임상지도 강사

숙명여자대학교, 나사렛대학교, 서울장신대학원 강사 역임

희온 음악심리코칭연구소 소장

현 보아스 아동청소년상담센터 부소장

음악심리치료
-이론과 실제-

2014년 2월 10일 1판 1쇄 발행
2021년 9월 25일 1판 3쇄 발행

지은이 • 황은영 · 이유진 · 정은주
펴낸이 • 김진환
펴낸곳 • (주) **학지사**

04031 서울특별시 마포구 양화로 15길 20 마인드월드빌딩
대표전화 • 02-330-5114   팩스 • 02-324-2345
등록번호 • 제313-2006-000265호

홈페이지 • http://www.hakjisa.co.kr
페이스북 • https://www.facebook.com/hakjisa

ISBN 978-89-997-0283-9 93180
정가 16,000원

이 도서의 국립중앙도서관 출판시도서목록(CIP)은 서지정보유통지원
시스템 홈페이지(http://seoji.nl.go.kr)와 국가자료공동목록시스템
(http://www.nl.go.kr/kolisnet)에서 이용하실 수 있습니다.
(CIP 제어번호: CIP2014001043)

출판 · 교육 · 미디어기업 **학지사**

간호보건의학출판 **학지사메디컬** www.hakjisamd.co.kr
심리검사연구소 **인싸이트** www.inpsyt.co.kr
학술논문서비스 **뉴논문** www.newnonmun.com
교육연수원 **카운피아** www.counpia.com